JN079602

北欧式
パートナーシップの
すすめ

愛すること愛されること

Å elske og bli elsket

Hvordan ta vare på kjærligheten?

ビョルク・マテアスダッテル

枇谷玲子 訳

Bjørk Matheasdatter

原書房

ハンス・オットーへ

30年来の私の愛しき心の友。

あなたに会えて、信じられないぐらい幸運だったわ。

あなたがいなかったら――あなたと人生をともにしてこなければ、この本を世に送り出せなかったでしょう。

私は人生、とりわけ仕事で出会う人たちを通し、愛についてさらにもう少し学ぼうと、今ももがいているところ。

私は全ての人たちが愛を与え合い、愛を大切にする道を見つける手伝いをしたいと強く願っている。

私がそんなふうに他人の役に立ちたいと思えるようになったのは、あなたが私に愛を示してくれたおかげ。

この本の中で私は、カップル・セラピーの仕事を通し編み出したメソッドを読者の方々と共有するつもりよ。あなたとともに見つけてきた愛の道を、他の人たちと共有するのを快く許してくれたあなたに感謝します。

長年の取り組みを1冊の本にまとめようと奮闘する私を、ありとあらゆる手を尽くし、支えてくれたあなたに感謝します。

私が原稿を読み上げるたび、嫌な顔1つせずに耳を傾け、精いっぱいのアドバイスとアイディアをくれたわね。

でも私は時々、不安になるの。あなたの心を傷つけやしないか。

これは愛の代償ね。

永遠の恋人でいましょう。

ビョルクより

Contents

Hvordan ta vare på kjærligheten?

og bli elsket

第4章 1＋1＝3 ── 65

第5章 愛の言葉と感情 ── 87

第6章 よいコミュニケーションへの道 ── 113

Å elske

第7章　喧嘩と傷ついた心——133

第8章　変化と和解——169

第9章　日々の愛と家族生活——201

序文

数年前、私はビョルクから、結婚生活講座をいっしょに開かないかと誘われました。私は専門家の集まりなどで、彼女と何度も顔を合わせたことがありましたが、特別に親しいわけではありませんでした。とはいえ、彼女が経験豊かで熱意ある講師だと知っていましたし、非常に温かで優しい心の持ち主だとも感じていました。かく言う私も長年、家族生活、結婚生活について啓蒙活動する中で、結婚生活講座をはじめたいともう随分前から考えるようになっていました。講座の共同主催者にも師にも、ビョルク以上の人は考えられないと思ったのです。彼女から説得されるまでもなく、私は二つ返事で、引き受けました。

数々の結婚生活講座——彼女が好む言い方をするなら、恋人講座——をともに運営する中で、私は彼女のことを専門家としても人間としても、よく知るようになりました。初めに抱いていた印象は、ともに経験を重ね、親しくなる中で、薄らぐどころか確信へと変わっていきました。彼女はこの上なく熱心で優秀な講師、セラピストでしたし、素晴らしく寛大で、思慮深く、ひたむきな人でもありました。彼女ほど、愛の喜びや困難を、大いなる真心と温かみ、洞察、賢知をもって伝えられる人がノルウェーに他にいるでしょうか。

この本には、伝える喜びがほとばしっています。また人生の感情的側面について、また生活の中でパートナー同士が与え合う影響ついて深い洞察力が感じ取れます。彼女は題材を読者にとって親しみやすく生き生きとさせる、大いなるストーリー・テリング能力を存分に発揮しています。また同時に、たくさんの知識を惜しみなく披露します。彼女はカップル・セラピスト、結婚生活の専門家として培ってきた、日常の卑近な例を挙げて説明する描写力や観察力、考察力を、随所で発揮しています。彼女はまた個人の体験に、多様なフィクション作品からの引用と、伝統的な研究資料からの情報を、巧みに織り交ぜています。さらに感情と理性に語りかける言葉と、知性に語りかけるような言葉をも使い分けます。そうすることで、取りあげるさまざまなテーマに対する視点を、万華鏡みたいに次々と変化させながら、理論と実践を模範的なまでに組み合わせるのです。愛やパートナーシップは、実際には多様かつ複雑なものですが、彼女の文章はその多様性、複雑性を見事に再現しています。つまりこの本は、パートナーシップの現実を映し出しているのです。そして皆が役立てられるものの見方や知識を示しています。

フローデ・トゥーエン

愛とは、あなたが見つけた恋人を大切にすること。
愛とは、恋人であること。
だってその恋人は、あなたが選んだのですから。

第1章 心を見つける

たいせつなことはね、目に見えないんだよ……
アントアーヌ・ド・サン・テグジュペリ『星の王子さま』
（内藤濯訳／岩波書店／2000年）

愛する心

海岸に立っていた私は、拾った石を、海に投げ入れようとしました。ふと目をやると、手にとった石がハートの形をしていることに気づきました。私はハート型のその石を家に持ち帰ると、きれいなお皿に置きました。ろうそくも立てました。ろうそくに火をつけると、炎の明るさでその宝の石は一層美しく見えました。

何年もした後、棚にあったがらくたといっしょに、石を捨ててしまいそうになった時、背後から子どもがこう叫びました。「ママ、ハートを捨てないで！」

私はその石を、ただの石としか見なくなっていたのです。

愛にも、同じことが起こりがちではないでしょうか。ハートを見つけ、家に持ち帰り、それがハートであることを忘れてしまうのです。その石がもっと違っていたらとか、軽かったらとか、もっとピンク色だったらとか、ごつごつしていなかったらと思う余り、石のことを気にかけなくなってきたのかもしれませんね。

それが心に灯りを点してくれる素晴らしい石だということは忘れ、新しい石を探しはじめてしまうのかもしれません。ですが、もう1度愛情を込めてよく見つめてみたり、他の人がそれを愛情深く見つめるのを目の当たりにしたりした際、自分の中にまだ愛が残っていたことにしばしば気づかされます。

心を再び見つめ直し、愛情を取り戻すのが、た易い時もあれば、どうしようもなく困難な時もあります。かつて燃え上がった関係が、嵐の日や風の全く吹かない日に、色を失ってしまうこともあるでしょう。それは恋人、家族、友人間でよく起こることです。子どもを早く抱きしめたいと、仕事から飛んで帰ってくる父親の目に映るものは、恋人とつき合いはじめたばかりの男性の目に映るものとは違っているかもしれません。昔はママが帰ってくると大喜びで駆けてきた子どもも、大人になると、母親からの電話になるべく出たくないと思うものです。毎晩、毎晩互いのハグを求め合ってきた恋人同士も、やがてはベッドの端と端で眠り、抱き合うこともほとんどなくなるでしょう。お酒を酌み交わし優しい言葉をかけ合った友とも、今ではまるで他人同士のよう。

絆はなぜ失われてしまうのでしょう？　愛を見えにくくさせるのは、一体、何？　私たちはすでに手に入れたものを、当たり前と見なしがちです。愛する人についても同じです。私の恋人、私の子ども、私の友人。皆、そばにいる。計画に入れなくてもいい、一々目を見て話さなくてもいい。私たちの視線の先には、テレビや時計、携帯電話の画面やFacebook、カレンダーなど他のありとあらゆるものがあります。そしてかつての誓いは、影を潜めてしまうのです。目の前のハートの石より、新しい石を選んでしまう。宝物をみがいて、手にとって、優しい言葉をかけ、愛情を込めてなでてやらなくても、1人で勝手に輝けると思ってしまう。自分たちにとって一番大事な人を、大して大事じゃない人より、ずっと粗末に扱ってしまう。中には期待が大き過ぎて、息苦しいとか、期待に応えられないとか思う人もいるでしょう。かつて見つけた宝物をののしり、もう面白くもきれいでもないとか、馬鹿でのろまでいら立たしいとか言って、捨ててしまう人もいるかもしれません。愛のケアが上手な相手に任せきりにして、気を抜いてしまう人もいるでしょう。相手が愛を保つ努力をしてくれていれば、自分から恋人に手を差し出し、いたわることも、友人をディナーに招くことも、息子と何か楽しいことはできないか考えることも必要ないと思いがちですが、独りで愛の火を燃やし続けられる人などいません。

互いに善意をもって接することができるように、好きな相手に心を開きましょう。それでも恋人が、あなたよりも別のことを優先させたり、あなたを言葉で傷つけたり、他のことを優先させたりするなら、あなたの愛情に満ちた無防備な心は傷つけられるでしょう。その痛みは強烈です。失望させられたり、信頼を裏切られたりすることが重なると、私たちは次第に心を閉ざすことで自衛しようとするものです。少しずつ、ゆっくりと、またおそらく気づかないうちに、互いを遠ざけます。片方が心を閉ざします。そしてどちらも心の隙間や寂しさを埋めるものを探しはじめるかもしれません。失望の余り、誠実に生き、人生の伴侶を大事にしようという熱意やエネルギーが薄れてしまう人もいるでしょう。そうして永遠に心を閉ざしてしまうのです。

誰かがあなたに心を開き、あなたもその人に心を開いたのであれば、あなたたちは互いに責任を持ちます。パートナーを気にかけているのを示してください。気にかけるのを忘れてしまった時には、許しを請い、差し出された手を握りましょう。私たちがどんな視線を投げかけるかで、ハートの石が、ただの石ころに変わってしまうことがあるのです。石に絶えず光を当て続けることで、そのよさに目を向けるようにしましょう。ハートが1人で生きられるとは絶対に思わないで。

心の歴史

宗教や音楽、文学において、感情と愛の絆の表徴としての心は、大きな位置を占めます。紀元前1800年代のシュメールとバビロニアのギルガメシュ叙事詩は、世界初の文学と言われていますが、この詩で心は人間感情の核を成すものと見なされていました。古代から、心は愛のシンボルとされ、中世後期には騎士の歌や詩などを通し、シンボルとしての役割を強めていきました。ノルウェーの小説家のシグリ・ウンセットはこんな聡明な言葉を遺しています。

「道徳や習慣は著しく変わるがゆえ、人が何に苦しみ、何を信じ、さまざまな事物についてどう考えるかも時代とともに変化してきた。しかしどんなに時代が変わっても、人間の心は決して変わらない」

妻と夫でなく、恋人になろう！

恋人がいるメリットは何ですかと尋ねると、多くの人が、いっしょにいて、リラックスできることだと答えます。たとえばこんなふうに。「私がすっかりくたびれきって、くたくたのスウェットでうろうろし、セックスの誘いに滅多に乗らなくても、私のことを愛してくれる人」

安心できる相手を求める心は、深層心理に根ざしています。私たちはつき合っていて自慢になるような相手よりも、日常をともに分かち合える相手を必要とします。最高の人間でなくても、そばにいてくれると信じられる相手が。私たちは家から1歩足を踏み出すや、評価され、値踏みされます。そこで家庭内でリラックスすることで、心のバランスをとれます。

ところが肩の力を抜いて、安心してもいいということは、魅力を失ってもいいという意味と、誤解されがちです。自分のよさが失われつつあるということに気づかず、むしろ相手の方が退屈な人間になったと思うのかもしれません。「ソファの上で寝転がっておならをする男を一体、どうやって愛すればいいわけ」少しのおならなら、仕方ないのかもしれませんが、「ありのままの自分を受け入れてくれないなら、もうどうでもいい」という姿勢をとるようになると、2人の関係性から活気や喜びが失われても不思議ありません。あなた方も自分の魅力をパートナーの前で出し惜しみするようになったら、それは危険信号です。同僚や友人の前だけ、格好いいシャツを着、すてきなドレスでしゃなりしゃなりと歩き、他人の話に注意を傾け、自分も面白い話を提供するようになっていませんか？

年をとってくると、ちょっとしたことで言い争いがちです。「牛乳は賞味期限が近いものから手前に置くよう言ったでしょう！」「また花？　お金の無駄よ！」相手がケチで、褒め言葉をめったに言わず、心地よい時間をいっしょに過ごせないことに、心を痛めます。「愛しているって言ったろう。気持ちが変わったら、言うよ。何も言わないってことは、愛しているってことじゃないか」などと過度に現実主義的になります。どちらが運転するか、どちらが迎えにいくか。ガレージをきれいにしなくちゃ、排水溝の掃除や、電球の交換も。芝も刈らなくちゃ。ようやくキッチンのテーブルでコーヒーでも飲みながらおしゃべりできると思ったら、またやらなくてはならないことに気づく。マンションの改装、社会人になってからの大学院入学。町内会やマンションの係が回ってきたとか。ウールの靴下と上下そろいのパジャマで寝る。そしてベッドには愛しい携帯を置いておく。ちょっとした通知も聞き逃さないように。「パートナーとの時間などない」と多くの人が言います。でも実際は、こういうことなのではないでしょうか――「パートナーとの時間を確保していない」つまり、大半のカップルは、かつてはパートナーとの時間を確保してきたのです。つき合いはじめで、まだきらきらしていた頃は。あの頃は部屋が散らかっていようと、見つめ合い、1日中、ベッドの上で過ごし、バーベキューやピクニックに行き、相手の考えに興味津々、耳を傾けられたはずです。時がたち、家が広くなるに従い、責任も、ものも増え、恋人でいることを忘れてしまうのです。私たちは日常生活を回し、家事をこなすプロにはなっても、恋人という役割についてはアマチュアのままです。すっかり落ち着いてしまうと、マンネリから抜け出し、恋人モードに戻る方法が分からなくなります。愛の炎を再び燃え上がらせたければ、南の島に行けばいいとか、肉体改造すればいいとか、メイクに凝ればいいとかいった言説をよく耳にします。

ですが、お金と労力をそこまでつぎ込む必要はありません。日々の生活の中で立ち止まり、自らにこう問いかけてみればいいのです。「今の私たちはくたびれた老カップル、それとも恋人？今しようとしているこの選択は、どちらの道に続いているのだろう？」

❋コーヒーを淹れに行く時、パートナーにもいるか声をかけますか？

❋パートナーが好きな音楽を聴いています。音量を上げますか、それとも下げますか？

❋恋人が新しい上着を買いました。似合うね、と褒めますか、それとも値段を聞きますか？

❋夜2人で映画を見る時、同じソファに並んで座りますか、それともバラバラの席に座りますか？

❋恋人が仕事から戻ってくる時、玄関で出迎え、ハグしますか？

❋夕食をいっしょに食べていて、あなたが先に食べ終わってお腹いっぱいの時、恋人がまだ食べていても、構わず席を立ってしまいますか？

❋パートナーがソファで眠ってしまいました。毛布をかけてあげますか、それとも、こんなところで寝るな、と怒りますか？

❋夜、まだ疲れていなくても、恋人がベッドに入ったら、一緒に自分もベッドに横になりますか？

❋彼の胸元に触れるのは、シャツにしみがついている時だけですか？

❋ズボンがちょっぴり汚れています。別のズボンにはき替えますか、それとも週末まで、騙し騙しはき続けますか？

あなたは自分のことを妻／夫だと思っていますか、それとも彼女／彼だと思っていますか？何に恋人らしさを感じるかは、人それぞれ。全く所帯じみていない人などいないでしょう。私たちは何かのきっかけで恋人らしさがよみがえる日を夢みています。でも実は他の選択肢もあります。それはあなたの力で、恋人らしさを取り戻すことです！

どうして『恋人』という表現を用いるのか

交際期間が10カ月だろうと50年だろうと、いっしょに暮らしていようと、別々に暮らしていようと、籍を入れていようと、なかろうと、私はカップルのことを『恋人』と表現します。この本でもそうです。

ノルウェー語の《kjæreste》(恋人)という言葉の頭につく《kjær》というのは、古ノルド語の《kærr》から来ています。この《kærr》は、古いフランス語の《ker》(愛しい)とラテン語の《carus》(かけがえのない)から派生した言葉です。ノルウェー語の《kjæreste》(恋人)は、《kjær》(愛しい、かけがえのない)の最上級。つまり《kjæreste》(恋人)は、最も愛しく、かけがえのない、という意味を持ちます。

自分にとって一番愛しい相手を、一番大切に扱いましょう。ともに生きる人を、最も愛しくかけがえのない《kjæreste》(恋人)と考えるのであれば、それはあなたがパートナーを一番かけがえのない人と思っているということです。そしてパートナーから一番大切に扱ってほしいと、大半の人たちが望んでいます。《kjæreste》(恋人)という言葉を、初恋の相手には使っても、大人になってからの成熟した愛には用いない人もいます。ですが、私の考えはそれとは真逆です。恋人でいるということは、愛の中毒であるかのように生きることとは違います。激情が止んだ後も、最も愛しい者同士として振る舞うことが、恋人であるということです。そうすることで、情熱がよみがえり、恋人同士でいられるのです。愛とは、あなたが見つけた最も愛しい人を大事にし、あなたが選んだ相手の最も愛しくかけがえのない《kjæreste》（恋人）でい続けることなのです。

愛のしるし

家族からやれやれと思われているかもしれませんが、私は旅行に行くといつもハート型の石をいっぱい持ち帰ります。帰りの飛行機にチェックインする時、家族のスーツケースにも入れてもらわなくてはならないぐらい大量に。海でも、山でも、町でも、私はハート型の石を探します。以前は、そんな形の石を、ほとんど見たことがありませんでした。ところが、1度探し出すと、ハートの石がたくさん目につきました。探している最中は、時間が止まったようになります。私は石探しに全神経を集中させました。

石探しが、自然の中で1人で行うことであるのに対し、カップル・セラピーは、カウンセリング・ルームに来てくれた人といっしょに行うという違いがあるものの、2つには共通点もあります。私がカップル・セラピーの仕事をはじめた17年前、訪れてくるカップルの大半の関係は、容易には解決できないほど、こじれてしまっていました。よりよい関係を築きたいと講座やセラピーを受けに来る人は、今でも後を絶ちません。また概ね良好な関係を保てているカップルにも、いさかいや問題は0ではありません。

セラピーで何を探すかは、カップルごとに違ってきます。私たちはカップルがかつて何を夢見たのかをいっしょに探ります。カップルが失ったもの、忘れたもの、隠しているものを探すのです。カップルがどこで行き違ってしまったのかや、彼らの心が再び重なり合うポイントを手探りします。そして、悪い方向に進んでしまったターニングポイントと、よい方向に進んだターニングポイントを突き止めます。また傷も探します。傷をきちんと癒やすことなく、そのまま進み続けてしまったカップルは、傷ができた時点に立ち戻り、傷を修復する必要があります。私たちは法則を探ります——カップルを破壊し、消耗させるパターンを。変えたいと本人たちが願うようなパターンだけでなく、カップルが保ちたいと願うよいパターンも。霞がかかり見つけるのが困難であっても、共通点やポジティブなパターンをどうにかして探すのです。

これらを探すのに役立つのは、私たちが備える愛の知識、愛を長続きさせるコツ、愛を再び見つけるのに何が役立つかについての知恵と経験です。同時に自分たちが知らないこと、完全には理解しきれていないことも常にあります。愛についてこれまで数え切れない程多くの人をカウンセリングしてきた私にも、日々、新たな学びがあります。アイザック・ニュートンが回顧録でこう言ったように。「私はビーチで遊んでいる小さな男の子のように、その時々で、特別美しいと思う石や貝殻を見つけてきた。それでも、私の目の前には、未発見の真実が常にあったのだ」愛は大海原のように広大で、ひそやか。何度も嵐が襲いかかります。私たちには愛を完全には理解できません。

それでも使える知識を駆使し、互いに質問したり、ともに頭をひねったりすることで、少しずつ知恵を身につけていきます。こう自問自答してみるとよいでしょう。「いっしょにいて心地よい時は、どんな時？　いっしょにいるのが苦痛なのは、いつ？　愛されていると感じ、ほっと落ち着くため、お互いに何が必要？　いつ互いを求める？　何について、お互いに感謝する？」

いっしょに何が作りたいですか？　あなたたちにとって重要なのは何か、何が2人にとって大切か、分かりますか？　その大切なものは、2人の方向性を指し示します。その方向性を知ることはあなたたちに、力と意志と強さを与えてくれます。私は皆さんがそれらを探し求め、2人の絆を大切にし、お互いへの好奇心を決して失わないよう願っています。

どんなことがあっても、その出来事の背景にある感情を、感情を表現する言葉を、探すよう努めましょう。愛のしるしを探すのです。そして、それを探すこと自体がまた、愛のしるしとなるのだと心に留めておいてください。愛というのは、大きくて重い岩をともにひっくり返そうという意志なのですから。

愛は、過去に見つけた遺物ではありません。愛は、2人で日々、新たに作らなくてはいけないものです。愛は、自分たちで生み出すものであり、私たちが他者に向けるまなざしから生まれるものなのです。より強く、より明確な目線で、探したいものを探せば探すほど、見つけやすくなるでしょう。こうして自分が知っている全て、あなたたちから失われたもの、あなたたちが見過ごしてきたものに気づけるのです。あなたは私のためにここにいて、あなたは私が何者なのかを理解してくれていて、あなたが私を愛してくれているというしるしを。2人でともに生きていけると感じさせてくれるようなしるしを。この本を通し、皆さんが愛のしるしを見つめ、それを相手に伝えるお手伝いができれば幸いです。

愛とは、感情です。

また愛とは感情以上のもの――より具体的で、意志を要するものでもあります。

愛は私たちがなしとげるものです。

愛の感情を生み出し、持続させるのは、私たちの思考と行動です。

「僕の愛を君に感じさせるよ（To make you feel my love）」とボブ・ディランは書きました。

愛とは、あなたの愛を相手に感じさせることです。

愛とは、焚き火に薪をくべることです。

第2章 愛するという意志

若さのきわみにあるころ、ストーナーは恋愛を、幸運な者だけがそこへ至る道筋を見つけることができる究極の状態だと考えていたが、成人に達してからは、それは邪教の天国であり、おもしろ半分の不信心と、温かくなじみ深い軽蔑と、気恥ずかしい郷愁のまなざしで眺めるべきものだと思うようになった。中年を迎えた今は、それが単なる恩寵ではなく、幻想でもないことがわかってきた。それは、人間としての生成の営み、刻一刻、日一日、意志と知力と心性によって生み出され、更新されていくひとつの条件なのだった。

ジョン・ウィリアムズ『ストーナー』
（東江一紀訳／作品社／２０１４年）

焚き火のそばで

私はカウンセリングをしていて、ひどく感動的な瞬間に立ち会うことがあります。たとえば、こんなふうに。

目の前のソファに座るカップルを私は見つめていました。長い話し合いを重ねた結果、ともに歩く意志を固めたのでしょう。そっと手を握り、見つめ合う2人は、こうささやき合います。「愛してる！」

あなたもこの言葉を恋人から言われるか、相手の耳元でささやいたことがあればよいのですが。でも私たちが口にする《elska》(愛する)という言葉は、そもそもどういう意味なのでしょう?今とはまったく違う言葉を使っていた私たちの祖先は、《elska》でなく、《aila》と言っていました。そこから、《ailiska》という派生語が生まれました。《ailiska》は『温かい』とか『燃え盛る』とか、『互いに温かな感情を抱く』という意味も持ちました。《ailiska》の二重母音の《ai》がやがて《e》に変わり、中盤の《i》2つが消えました。こうして、《elska》(愛する)という言葉が誕生したのです。私たちが《Jeg elsker deg》(あなたを愛している)と言う時、『私はあなたに焦がれている』ということも、同時に伝えているのです。

自然の中でも、暖かな暖炉の前でも、焚き火に火を灯し、炎を見つめる時、こう考えてください。炎がどんなに美しく燃えていようと、焚き火に薪をくべ続けなければ、すぐに炎は消えてしまいます。愛も同じです。炎がいくら激しく燃えていても、燃料を足さなければ消えてしまう。炎が勢いを増せば、ほぼ勝手に燃え続けるので、薪の質が最高でなくても、大した問題ではありません。炎が弱まってくると、薪が乾いているか、質がよいかを気にしなくてはなりません。そこで私たちは、その残り火に、わずかな樹皮や小さな薪を足すことで、炎を再び燃え上がらせます。

薪を運ぶのは楽しく、またやりがいがあるものの、時に退屈で、大変で、手間がかかるように思える日もあるでしょう。火の番には、意志を要します。気の向く時だけ薪を運ぶのでは不十分です。おっくうに思える日も、別のことをしたい時も、運び続けなくてはなりません。

夕飯中に携帯電話が鳴ったとします。あなたは食事を終えるまでの15分間、電話に触れず、我慢できますか？　それとも、すぐに携帯をチェックしてしまいますか？　大好きなドラマを見ている時に、恋人から話しかけられたらどうしますか？　帰宅時間が普段より遅くなる時は連絡してね、と恋人から言われているのなら、たとえ忙しくて手が離せなくても、メッセージを送りますか？　別のかわいい女性やかっこいい男性から、誘惑のメッセージが送られてきたら、あなたはどうしますか？

愛とは、感情である一方で、感情よりももっと具体的で、意志を要するものでもあります。愛とは、行動することで生まれるものです。愛を生み出し、維持するのは、私たちの思考と行動なのです。「僕の愛を君に感じさせるよ」(To make you feel my love)と、ボブ・ディランは書きました。愛とは、あなたの愛を相手に感じさせること。愛とは、焚き火に薪を運ぶことです。

私たちが誰かを「はい」と受け入れる言葉を言う時、それは愛するために言っているのです。なぜなら、この言葉は、今の人生を送ることへの「はい」だけでなく、人生で長く関係を続けることへの「はい」でもあるからです。つまり、パートナーがスウェットパンツでごろごろしてばかりいることや、洟をつけて歩いていることも受け入れ、食器洗いや片づけをしなくてはならないことや、貧しさをもともに耐え抜く覚悟がある、ということも意味しているのです。また、「私はあなたが失業する日が来ても、病気になっても、事故にあっても、そばにいます」と伝えることでもあります。愛の意志とは、相手を支える意志でもあります。愛の意志とはまた、愛の火の番をする意志でもあります。それをなしとげるため、何をするのが概して賢明なのか、どうコミュニケーションをとるのが賢明なのか、どんな知識が役に立つのか、カウンセラーである私は、少しは知っているつもりです。ですが、私の言葉より重要なのは、あなたが立ち止まり、あなた自身のこと、またあなたのパートナーとの関係を見つめ直すことです。あなた方にとって大切なものと、あなた方にエネルギーと益をもたらすものは、大抵、一致しないものですから。

あなたたちの炎に、かつて火を灯したのは何でしょう？　その炎をとだえさせないために、何をしたらよいのでしょう？　焚き火の底には、どんな丸太が必要ですか？　寛大さ、正直さ、それとも愛の着火剤？　家の中がきれいに片づいている時に、炎はより明るい光を放ちますか？

家をいっしょにリフォームすることが、あなたたちの愛の燃料となりえますか？　2人でリフォームなんて、めっそうもない？　それなら、何が愛の火を消すのかも知るとよいでしょう。

あなたはひょっとして、恋人に甘えて、火の番を惰(おこた)ってやいませんか？　それは賢明ではありません。その状況がしばらく続くと、あなたの恋人は、自分はいて当たり前と思われていると感じ、疲れ切り、悲しくなり、火を放置されていると思うようになるでしょう。

あなたは2人の炎に薪をくべているのは、自分だけと思っていませんか？　あなたが一番薪をくべているという認識は、正しいのでしょうか？

パートナーは見えないところで、何かしてくれていませんか？　今はあなたが主に薪を運ぶ時期であっても、やがてはパートナーが主な責任を負う時期が訪れるのではないでしょうか？　愛の火の番は、2人でするもの。独りぼっちで、薪を運び続けられる人などいません。

焚き火の炎を燃やし続けることができるというあなたの愛の信念を、相手に吸い取られないようにしましょう。あなたにとって何が重要かを知り、それを育みましょう。重要でないことは放っておきましょう。あなたは日々、自分自身を永続的な愛に導く、またはそこから遠ざけるような、大小の選択をしています。愛の意志を示すことで、炎を燃え上がらせるような選択をしましょう。

「もしもあなたが焚き火なのであれば、温もりを放ちたまえ！」とハルディス・ヴェソースは『暗い時代の話』という詩の中で書きました。この詩は1945年に書かれたもので、重苦しい時代にも、互いを大事にしようという訓戒として読めます。平和な国で生きられることがいかに幸運か、私たち現代人はこれまでほぼ無自覚でした。ところが近年、世の中で悲しい出来事がたくさん巻き起こっていることで、ヴェソースの言葉は、見直され、共感を呼んでいます。一時的な欲望や表面的なきらびやかさが注目される今の時代は、長期的な愛を育てるのには不向きなのかもしれません。花火の時期に、焚き火を長い間、燃やし続けるのは、根気がいるでしょう。

手は手を求め、群衆は群衆を支え合う。
帆の角が激しくぶつかり合う。
あなた自身の温もりが、
氷結をわずかに防げるであろう!

そうヴェソースは書きました。あなたは愛の炎の番をすることで、あなた自身、またあなたたちカップルの関係性をもいたわれます。またあなたの子どもや家族全体、またまわりの世界にとっても、よいことをしているのです。愛の番をする人が増えれば増えるほど、炎は暖かく、均一に燃え続け、皆がよりよい人生を生きられると、私は確信しています。

真実の愛

私が緊急入院した時の話です。強い感染症を体から追い出すには、強硬な措置が必要でした。幸運にも私は、窓際のベッドを確保してもらえ、そこから向かいの病棟や、秋の夜長に黄白色に光る窓を見つめることができました。窓ガラスの向こうのベッドで私と同じく横になる人たちも見えました。ベッドの脇には椅子があり、それらの椅子の多くに、人が座っていました——話をする人、編みものをする人、読書する人、病人の手を握る人、お見舞いの品として花やチョコレートを持ってくる人。若者、お年寄り、大人に子ども。病人は青い病衣、お見舞いに来ている人たちは普段着でした。窓の向こうの人たちを見つめていた私ははっきりと気がつきました。自分が目にしているのは、愛だと。

入院している人たちにはもちろん、大人しく寝ているしか選択肢はありませんでした。一方、椅子に座っていた人たちは、土曜の夜をもっと楽しめただろうに、わざわざ車やバスに乗って、病院までやって来たのです。彼らは気にかけている人、好きな人、恋人を訪ねるため、お見舞いにやって来た。コンサートや劇場、入居パーティー、気心の知れた人とのディナーや休息、ソファでテレビを見る晩は、冷たい光と固い椅子、声のボリュームを落としての会話、窓の前で過ごす退屈な時間にとって代わりました。そこには、気にかけている相手、友人、母親、父親、姉妹、兄弟、子どもや恋人がいるから。彼らは愛を感じるために、病院を訪れる選択をしたのです。

赤い薔薇やローマへのロマンチックな旅、官能的なセックスの場面に、愛があふれ出すこともありますが、愛というのは、大抵は、一瞬の酔ったような感情とはほど遠いところにあるものです。これらは私たちが今、この瞬間、感じたいものではないでしょう。愛はむしろ今この瞬間の望みを犠牲にすることで現れ、真に重要なものを与えてくれるのです。

お見舞いに来る人たちは、それを心で感じています。彼らの大半にとって、病院を訪れるのは、当然のことなのです。彼らにとっては、好きな相手のそばにいるために、手に持っているものを手放すのは、しごく当然です。でも愛をもらってばかりの人たちは、それを当然と思わないよう気をつけなくてはなりませんよ。たとえば、相手が何かしてくれる時には、その献身の陰に、愛があるのを感じましょう。気づかないうちに、愛が2人の間をすり抜けてしまうのは、悲しいことです。

慰めを必要とする友人のために、夜の研修から抜けてきた人の愛を見つめましょう。相手の心配事を聞いてあげるために、お気に入りのドラマを1回我慢した彼女の愛を。長時間の仕事の後で疲れているのに、食事を作ったり、習い事に送ってくれたり、宿題を手伝ってくれたりした親の愛を見つめましょう。あなたに喜びをもたらし、支えてくれる人の愛を見つめるのです。あなたが仕事の面接を受ける時も、マラソンを走る時も、誕生日を祝う時も、結婚する時も、自分のストレス解消や、やりたいことは後回しにして、応援してくれる人の愛を。暗いところが苦手なあなたのために、夜中、暗いバス停で待っていてくれた彼の愛に気づきましょう。家族の健やかな毎日のために、出世コースは先延ばしにして、仕事より家族の時間を優先してくれるパートナーの愛も。家計のため、一生懸命働くパートナーの愛。ベッド・メイキングし、子どもたちの大好物のメニューを準備して待っているパートナーの愛を。

あなたが相手をもてなし、仲間として招き入れようと腕を伸ばし、話に耳を傾けようと決めた時、愛は表出するものです。計画と違っていても、他の人の提案にあなたが乗る時、愛はあふれ出します。あなたは自分のことを少し後回しにして、他の人の方を向くことで、愛を示すのです。相手が自分のためにそこにいるんだ、とあなたが気づく選択をした時、愛は花開くのです。

病院の廊下から足音がしました。穏やかだけれど、活発な足音が。どんな雑踏の中でも、私はその足音を聞き分けられることでしょう――それは私の恋人の足音。サッカーを見に行くついででも、ジョギングに行くついででも、映画に行くついででもなく、私のために来てくれた。頼んでおいた携帯の充電器や口紅を持ってくるのを忘れていても、怒らないようにしようと、私は心に誓いました。だってドアの前に立つ彼は、大事なものはちゃんと持ってきてくれていると知っていたから――それは愛でした。

まとめと問い

❋あなたは恋人に愛を示すため、何をしていますか？

❋あなたが一番そばにいる人を愛することを怠っているとすれば、それはなぜでしょう？

❋あなたは今度、何ができそうですか？

❋他の人が、あなたを愛するがゆえにしてくれたことに気がつきましょう。ひょっとしたらそれは、あなたが思う以上に、素晴らしいことなのかもしれませんよ。

愛を手に入れるためには、何かにあえてしがみついたり、手放したり、飛び込んだりする必要があります。

そのためには、あなたのそばにいたいと思ってくれているパートナーの気持ちを、信頼する必要があります。

相手に尽くせるのは、尽くす義務を自分に課せるからです。

私たちは自由になるために、あえて互いを縛り合う必要があるのです。

第3章 愛を理解する

私はあなたの顔を手で覆っている

私はあなたの顔を手で覆っている
この世の全ての人が生き永らえ
自分自身とは別の誰かから支えを得られるよう
あなたが優しく私の心を包むように
波が岸に岩を運ぶように
木が秋の熟した果実を支えるように
地球が宇宙に浮かぶように
私たち2人が何者かに支えられ、生きられているように
あなたの神秘がその手で謎を包み込んでいる

ステイン・メーレン（ノルウェーの詩人）

これから信じられないような、本当の話をしますね。

何年も前のある日私は、愛についての講義の事前準備をしていました。休憩中、私はコーヒーをとりに、キッチンのある階に下りました。再び作業に戻ろうと階段を上っていると、パソコン

のキーを叩く音が確かにしました。さらに階段を2、3段上がると、8歳の子どもが目に入りました。それは娘で、私の講義案に加筆するのに没頭していたのです。私は胃がキリキリするのを感じました。間違って全消去されたら、どうしよう？　せっかく必死で書いた文章を、滅茶苦茶にされていたら？

その日、もしもイライラしていたなら、愚かにも、こう怒鳴っていたかもしれません。「何をやってるの？」でも幸いその日、私は黙って、娘が心に秘めていることを打ち終えるまで、部屋に戻るのを待つことができました。彼女は私に気づくと、驚いて椅子から下り、自分の部屋に戻ろうとしました。彼女の顔は、スクリーンの方には向いていませんでした。目を輝かせて私の方を見つめてきます。スクリーンには、72サイズの巨大な文字が映し出されていました。ドギマギしていた私ですが、娘の文字を読み、理解すると、腕の毛が逆立ちました。8歳の女の子がたったの1文で、大人の私が24ページも使って長々と書いたよりも見事に、ずばりと愛の真理を突いたのです。彼女はこう書きました。「あなたは愛せると信じるべきです！」

それは正に私の言いたいことそのものでした。私たちは信じるべきなのです。そして彼女が入力したその言葉は、私にもう1つのことを思い出させてくれました。それは、「あなたは愛される価値があると信じるべきです！」ということでした。

愛する人との生活で生まれがちな問題は、自分自身が相手を愛する能力を信じ切れなかったり、愛があるのか、愛にそもそも追い求めるだけの価値があるのかと疑念を抱いたりすることにしばしば起因します。愛を信じられない気持ちは、よく分かります。それは失望や裏切りを恐れているからでしょう。また人生を生きることに不安を抱えているからかもしれません。

かく言う私も、愛を信じられずにいました。3年間つき合った恋人から、プロポーズされた時にも、こう思いました。「結婚式なんて、したって意味ないわ。どうせ愛はすぐに冷めるものだから」一体私はどうして、そんなふうに考えてしまったのでしょう？　両親が離婚したことや、メディアによってデフォルメされた結婚像が原因だったのかもしれません。ノルウェーでは、結婚した人たちの半数は離婚してしまうという言説が、まことしやかにささやかれていますが、それは真実ではありません。ノルウェーの離婚率は、50パーセントでなく、36パーセントです。つまり、10組中4組以下。誤った言説を聞くうちに、半数は離婚しているような気がしてくるから不思議です。そう思っていたのに、どうして私が結婚したのか、疑問に思う人もいるかもしれませんね。それは、恋人が愛を信じていてくれたからです。彼の信念は確固たるもので、私の迷いに流されることはありませんでした。彼の信念に私の方が動かされたのです。彼は行動で愛を示してくれました。たとえ困難でも、彼は決してあきらめませんでした。こうして私は愛を信じられるようになったのです。

何て幸運なのでしょう。

愛とは帰属すること

「あなたは愛せると信じるべきです！」と、娘は書きました。

娘がそう書いたのだと私が話した時、こんなふうに聞かれたことがありました。「愛し、愛される相手を持たなくてはいけませんか？」「自分を愛するのでは、駄目ですか？」答えを得るには、生まれた時のことを振り返る必要があります。私たちは、一糸まとわぬ無防備な姿でこの世に生まれてきます。できることも知っていることも、ごくわずかでした。それでも、本能はこう教えてくれます。「私は受け入れられなくてはならない」「抱きしめてもらわなければならない」と。

生命の誕生は、神秘とありふれた日常が織り成す物語です。生まれたばかりの子どもは、母親の横に寝かされます。父親または医師が、へその緒を切ります。家族や友人が病院にやって来ます。ベビー服やぬいぐるみ、寝かしつけの歌や子育て法の書かれた小さな本をプレゼントに持って。彼らは生まれたてのその子を抱きしめ、胸の鼓動を感じ、自分たちの大きな指にしがみつく、小さな指に気づくことでしょう。「あなたは私のために、ここにいるの？」「私のお世話をしてくれるの？」しゃべれない赤ん坊たちは、それぞれのやり方で、そう問いかけることでしょう。

子どもが大人を見つめてほほ笑むのは、食べものや暖を与えてもらえるだけの関係性を築くためです。ですが、親密さと帰属自体、人間が生きる上で、欠かせないものでもあります。私たちはそのことを心の中で常に感じているはずです。ですが、ジョン・ボウルビィによる40年にも及ぶ長い画期的な研究により、人間の帰属欲求は食べものや暖をとりたいという欲求と同じぐらい旺盛であると判明しました。さらにその後、カップル・セラピストで研究者のスー・ジョンソンにより、私たちが一生を通して、帰属欲求を持ち続けることが示されました。とはいえ、人の帰属欲求を最も見事に表現してきたのは、芸術家ではないでしょうか。叙情詩人のヤン・マグナス・ブルハイムは、帰属欲求を次のように見事に言い表しました。

人生にはあなたが期待し、
望むことがたくさんある。
しかし何より尊いのは、
どこかに帰属していることだ。

私たちがもしも誰とも繋がっていないとすれば、何を手に入れ、何をなしとげればよいのでしょうか？　社会から孤立することが、史上、最悪の罰の1つと見なされるのも、あながち誇張でもないのかもしれません。帰属することの重要性は無視できません。満腹の時に、お腹が空いているると感じないのと同じで、繋がれる相手がいれば、繋がっていることがいかに大事かは、すぐに忘れてしまうものです。私たちの大半は、失うとはどういうことか、疎外されるとはどういうことかを痛感させられる人生の局面に何度も立たされます。試合中、ベンチを温める羽目になったことはありませんか？　友人たちがどこかに出かけるのに、誘ってもらえなかったことは？　失業したり、長期間、病欠したりして、勤め先に貢献できなかったことはないでしょうか？　あなたはあなたが育った家族がバラバラになるとか、あなたが信じ、守ろうと努力してきたパートナーとの関係が破綻してしまった経験があるかもしれません。人との繋がりの大切さを痛感するのは、そういう時です。当たり前と思ってしまうと、帰属する集団を気遣うことや、子どもや恋人、両親など、自分たちにとって大切な人に感謝するのを忘れがちです。集団の中でぬくぬくしていると、謙虚さが欠けてしまい、多くの人が心に秘めた寂しさを重く受けとめ、理解を示す努力を怠ってしまいがちです。感謝の気持ちは、ある1人を、または誰かがいない寂しさを抱える人たちを、仲間に入れるよう促します。

幼い頃、私たちは、庇護してくれる人に身を任せます。そして庇護者の行動や笑い方や表情や動作を真似しようとしたことでしょう。成長し、恋に落ちると、また同じことが起きます。人間関係を結びたいと思う相手と出会うと、関係性を築くため、相手に自己投影し、真似をします。一市民として社会に帰属するだけでは、十分ではありません。人間は一生を通じ、数名と一緒に生き、繋がっている必要があります。属する集団は1つでは十分ではありませんし、どの所属先も人間関係が良好であるべきです。

私たちは皆、この地球に裸で生まれました。生き延びるには、誰かに世話をしてもらう必要がありました。ジョン・レノンは、「愛とは、愛されたいと求めること」（Love is needing to be loved)と歌いました。生きる限り、繋がれる特別な人を意識的、無意識的に、求め続けます。愛とは、そういうものなのです。求める相手が、男性だろうと女性だろうと、貧しかろうと豊かであろうと、有名だろうと無名だろうと、何の苦もなく走れても、歩くのもままならなくても、愛することに違いはありません。私たちは抱きしめ、抱きしめられる必要があります。愛し、愛される必要も。外見ではなくて、心の中をのぞき込んでくれる瞳を欲しているのです。そして何より私たちに必要なのは、愛です。

あなたが眠るまで、抱きしめよう。
私が眠れなかったら、どうするか、って?
ただ君を抱きしめるだけ。

ニルス・オイヴィン・ホーゲンセン

愛着とパートナーシップ

ジョン・ボウルビィ(1907～1990)は、愛着理論の父とされています。彼は英国の児童精神科医で、精神分析医でもありました。第2次世界大戦を経験した子どもたちの研究を通して、人間が食べものや暖と同じぐらい、親との緊密な関係を求めていることを示しました。ボウルビィの研究により、入院中の子どもの保護者つき添いが認められるようになりました。彼の同僚だった心理学者メアリー・エインスワースが、70年代、母親と強い愛着関係で結ばれている子どもと、愛着が十分でない子どもを比較研究した結果、後者の子どもが他人と目を合わせられないか、攻撃的であることが分かりました。今日の愛着形成にまつわる言説は、この研究に基づいています。

ボウルビィは私たちが一生を通じて、他者との親しい関係性を必要としているとしました。ボウルビィの研究により、帰属先を持ちたいという思いは、人間の基本欲求であるということが分かり、これをもとに、パートナーシップの要（かなめ）は愛着であるという理解が生まれました。この理解は、ここ数十年間で、西洋文化に浸透した個人の自主自立を理想とする考え方に、多くの点で相反します。この個人主義至上主義の気運の中で、大人もまた愛着を必要とするという理解を世間に広めるには、時間が必要です。

ボウルビィの愛着理論は、現代セラピーの手法の中心かつ基本となっています。カナダの心理士で研究者のレスリー・S・グリーンバーグと彼の元博士課程の教え子、スー・ジョンソンにより開発された『エモーション・フォーカスト・カップル・セラピー』もそうです。スー・ジョンソンは現在、世界で最も有名なカップル研究家、セラピストの1人です。スー・ジョンソンは、私たち大人がパートナーとの関係性を築こうとする際に、子どもの時、両親と愛着関係を築こうとした時と同じ欲求を満たそうとするとしました。ノルウェーでは、心理学者のシッセル・グランという、感情に焦点を当てたパートナーシップ理解と、エモーション・フォーカスト・カップル・セラピーの大家がいます。

愛のステップ

愛について理解を深めるため、愛の4つのステップについて考察してみましょう。

ステップ0

このステップは、あなたが荷物を背負い、恋人と出会った段階を示します。荷物とは、あなたが生きてきた人生、また両親、兄弟、友人、元恋人とあなたとの関係性の比喩です。これら全てが、現在のパートナーシップに影響を及ぼしえます。

あなた方はどんな人生を過ごしてきましたか？　あなたの家族は、どんな価値観を持っていますか？　あなたの親御さんは、どんなふうにあなたに愛情を示してくれましたか？　親御さんはあなたを抱きしめてくれましたか？　親としての責任を果たしてくれましたか？　褒めてくれましたか？　どんな時、親御さんから満足してもらえていると感じましたか？　あなたはどんな時、親御さんから愛をもらえましたか？　励ましや支えはもらえましたか？　慰めてもらいましたか？　親御さんとの関係を通し、何が育まれましたか？　合理的かつ理性的であること？　それとも、それ以外の特定の感情を育めましたか？　不安にならないようにする術や、あまり文句を言わないようにする術を身につけられましたか？　あなたの経験には、あなたのパートナーシップによい影響を及ぼすものもあれば、ネガティブに働くものもあるでしょう。人生があなたにどんな影響を及ぼしたのか意識することで、あなたの経験をより建設的に活かせるようになります。「私たちは自分が意識する事柄に、しばしば影響を及ぼすことができます。そして自分が意識していない事柄に、常に影響を受けます」とノルウェーのモードゥム・バッド診療所の神経科療養所創設者のゴードン・ジョンソンは言いました。振り返ることなく、今の仕事に集中し、未来を見つめることが現代の理想とされています。ところが疑問はぬぐい去れません。私たちが振り返らずに、人生が自分たちによくも悪くもどんな影響を及ぼしたかを理解しないと、自分たちのパターンや、今どんなふうに対処するべきかを理解できず、将来、上手く対処できる可能性が減ってしまうのではないでしょうか。

ステップ1

ステップ1は、スタート段階です。もう交際がはじまっている人たちもいれば、つき合いそうでまだつき合っていない人たちや、つき合いはじめたばかりで、よくデートに出かけている人たちもいるでしょう。この段階では、お互いの心の内はあまり明かし合いません。お互い腹の内を見せないことが多いのです。相思相愛だと分かった時には、天にも昇る気分になるでしょう。両思いになったばかりの頃は、自分や相手の気持ちに、大きな不安と恐怖を感じるでしょう。私たちは友だち？　それとも友だち以上？　ただのセックス・フレンド？　私があなたを愛するように、あなたも私を愛してくれているの？　両思いか確信を持てない段階で愛を示しても、傷つく結果になりかねません。

ヘレン・フィッシャーは生物人類学者で、パートナーシップなどを築いた際、心と体に何が起きるのかについて第一線で研究している人です。フィッシャーは80以上の文化圏のカップルを研究し、このテーマについて多数、著書を執筆。そのうちの1冊が、『愛はなぜ終わるのか――結婚・不倫・離婚の自然史』（吉田利子訳／草思社／1993年）でした。フィッシャーは、人間の脳には、愛着と愛を処理する3つのシステムがあるとしました。そのうちの1つは、性的愛着です。2つ目は、恋とロマンチックな愛です。3つ目は、ある人を特定の1人のそばに留まらせる愛着です。中には、劇的かつロマンチックにはじまる関係もあるでしょう。他方で、長く続いた友人関係が、徐々に、または急にロマンチックな恋愛関係に変わるケースもあるでしょう。または体の関係で終わるケースもあるかもしれません。ですが、セックスによりドーパミンが誘発され、オルガズムを感じる時、オキシトシンやバソプレシンといったホルモンが放出されます。フィッシャーによると、この愛のカクテルにより、さまざまな強烈な感情を引き起こされるそうです。ワンナイト・ラブのはずが、両方、または一方に愛情と愛着が芽生えることもあります。

はじまりがどうであれ、多くの関係は、ステップ1の段階で終わってしまいます。単なる体の関係だったと気づくこともあれば、愛情がなくなってしまうこともあるでしょう。「あんな人だと思わなかった」とか「合わなかった」とかいうのは、大抵の人にとって聞き覚えのある台詞でしょう。恋人でなく、友人でいた方がいいと気づくカップルもいます。秘やかなお試し段階が終わり、互いに冷めてしまうカップルもいるでしょう。そういうカップルは、周りからカップルと見なされることがよい方向には働きません。

互いに恋をし、どちらもお互いを恋人と見なすようになっても、しばらくの間は、周囲と平和的な関係を築くため、ステップ1に留まる選択をするカップルもいます。どの時点で、デートの相手から恋人に切り替わったかはっきりしているカップルもいれば、これら2つのステージを行ったり来たりで、長く同棲しても、いつ恋人になったか、両者の認識が完全には一致しないカップルもいます。

ステップ2

ステップ2では、恋人同士になったことを、周囲に公にします。友人や家族が、2人のことをカップルと認識し、そう見なします。ステップ1から2までわずか1日で進む人たちもいれば、長くかかる人たちもいます。この段階に至ったカップルの大半はお互いとしか関係を持ちません。他の人と関係を持つことは、浮気と見なされます。このステップの開始時には、大半のカップルの関係は良好です。ステップ1の不安定な関係から、互いに愛を楽しめる段階に進んだのです。同時に、交際を続けようか無意識的に見極めようとして、互いを試します。先に進まずにステップ2に長く留まり過ぎると、関係が悪化しかねません。未来の展望があまり合致しないカップルも出てきます。長期間に及ぶ共同生活を送り、家や子どもを持つようになってもなお、ステップ2のままのカップルもいます。責任を負いたくない、一方または両方が他者と愛情関係を築くのに問題を抱えているなどの理由が考えられます。相手が自分との関係性を維持しようと努力してくれているか、不安になる場合もあります。一方が恋に落ちることなく、ステップ1からステップ2の段階に進んでしまうと大変です。一方的な愛は、平等な関係ではないのですから。それに交際期間が長くなると、つき合いはじめのような情熱を持ち続けたり、情熱を取り戻したりするのは容易でないからです。中にはステップ3からステップ2に後戻りするカップルもいます。そういうカップルは互いに義務感から付き合ってきたのが、何かのきっかけで、片方、または両方が関係性に疑念を持ち、別れをほのめかすかもしれません。かつては信頼関係を築けていたのに。こうなると、信頼関係の大小のほころびを繕うのは難しくなります。

ステップ3

ステップ3にたどり着いたカップルは、2人の将来を見据えています。言葉と行動の両方で、これからも、ともに歩むと、また関係が続くと信じています。このステップまで来た人たちは、適切な絆を築けます。そして、大半の人が望むものを手に入れることができたのです。それは、性的魅力とロマンチックな愛を保ち続けることです。しかし、関係性は感情とロマンスのみに基づくわけではありません。それはまた意志に基づき、築かれます。このステップで、私たちは互いに繋がる選択をもしました。愛とは、自然と生まれるものではありません。愛とは私たちが選択するものです。ともに未来を歩もうと誓うことで、愛はより安定したものになります。そのため私たちは時にあまりセックスしたくなりも、過度にロマンチックになりもせず、淡々と日々を送る時期を迎えるでしょう。どのカップルにも、ちょっとした変化は起きるものです。このような変化は、このステップに留まりたいという意志だけでなく、これからもともに楽しく生きていけるよう準備しよう、という意志も示します。この本では主に、どうやってステップ3まで進み、そこに留まれるのかについて書いています。

次のステップに進む

信頼関係を築く——恋から愛へ

階段を上る前に、まずは互いに信頼関係を築かなくてはなりません。初期の段階では感情と情熱が渦巻きます。またポジティブであること、互いに対等であることに重きを置きます。そう、脳は恋愛初期、そのように働くものなのです。そしてこの機能によって、パートナーを否定的に捉える能力が鈍ります。代わりに、私たちはポジティブな幻想を抱きます。恋は盲目と言われるのは、このためです。相手に心酔し、こんなすてきな人はいないと思います。そしていっしょにいれば、怖いものはないとも感じるでしょう。自分たちは完璧なカップルだ！　と。ですが、関係をさらに発展させ、互いに安心感を覚え、受け入れられていると感じるには、もろくて開けづらい扉を思い切って開けることも必要です。

『ノッティングヒルの恋人』で、ジュリア・ロバーツが、ヒュー・グラントの前で放った有名な台詞があります。「私だってただの女の子なのよ。1人の男性の前に立って、その人に愛してほしいって頼んでるの」彼女はこうも言えたでしょう。「ありのままの私を見て。有名人の顔の向こうにある私を。プレスリリースも、私が演じた演技も関係なく、本当の本当の私を愛して」

愛情を込めて相手を見つめる時、私たちはその外面に隠れた何かを探そうとします。愛に満ちた視線を注がれた相手は、認識され、見つめられ、理解され、受け入れられたと感じることができます。

「本当の私を知っても、ずっと好きでいてくれる?」「あなたが思い描くような立派な人間でなくても、いっしょにいてくれるの?」「他の皆が裏切ろうと、そばにいてくれる?」意識的、または無意識的に、私たちは互いにそのような問いを投げかけ合います。そして「はい」という答えをもらえたら、次のステップに進めるのです。

俳優で詩人のヘンリック・メスタッドは、このことを次の詩の中で、見事に表現しました。

愚かな僕を愛して
僕がベランダのドアを開け
幸運だった時の写真を見せる時だけでなく

愚かな僕を愛して
そうしたら部屋に行き
ただ座って
いっしょに退屈しようよ

誰かが君に近づいてきても
僕がちょっぴり時代遅れでも
ユーモアがやや足りなくても
むしろ、だからこそ僕を愛してほしいんだ！

それで、しようよ
愛の話を

恋愛段階では、「なぜなら」という言葉がよく使われますが、ステップ3では、「それでも」という言葉が好んで使われるようになります。たとえ愚かで不完全であっても、愛し、愛される時、真の絆で結ばれたカップルである時、私たちは愛について語ることができます。

恋愛段階では、私たちは感情に支配されます。ステップを上る時、交際期間がどれぐらいであろうと、2人が何歳であろうと、交際には感情が伴うでしょう。しかし、その感情は単なる感情に留まりません。愛とは、感情を築こうという意志であり、選択であり、姿勢なのです。

信頼にひびが入る危険のあることをしたり、言ったりするのは避けられません。私たちが誤って足を踏み出し、階段から少しはみ出たところへと移動するなら、困難であってもどうにかする必要があります。戻ってくることができたら、次のステップへの確かな1歩を踏み出せるのです。

ステップ1からステップ2へ

ステップをすいすい上っていく人たちもいれば、出会ってすぐに肉体関係を持ち、翌日にはカップルになっている人たちもいます。またはつき合おうと決めてから、セックスする人たちも。他方で、そこに進むまでに長い時間を要する人たちもいます。長いこと友だちでいて、かなりたってから、互いを意識しはじめる人も。デートをぽつぽつと間隔を空けてしてから、友達以上になる人もいます。ほぼいつもいっしょにいるのに、それでも恋人ではないと言う人たちもいるでしょう。カップルがどれぐらい長い間、どうやって、ステップ1に留まり、そこから先に進むかは、実にさまざまです。ステディな関係を築くまでのこの時期は、さまざまな不安と期待が錯綜します。

初めて会った瞬間から、私たちはまわりの人たちに手を差し出し、慈愛とぬくもりを得ようとします。その人たちがどう応え、愛をどれぐらい与えてくれるかによって、恋人関係のあり方やステップの上り方が左右されます。恋人関係を発展させることを困難にするような経験もある一方で、一番上のステップに留まっていても、2人の関係に亀裂が入りかねない経験も起きるでしょう。

ステップ0の段階で、激しく拒絶されるなど、愛情、親しみに満ちた関係を築くのを困難にするような経験をした場合は特に、上のステップに進むのは困難かもしれません。それは何ら不思議はありません。脳は過去の経験に似たことを全て認識するからです。人間の所属欲求は非常に強く、拒絶されることほど、私たちの心を傷つけることはありません。この痛みを恐れる余り、拒絶される危険をはらむ状況を、避けようとするのです。しかし、その結果、親しい関係を築くのも、帰属先を持つのも困難になります。

ステップ1がどんなふうだったか、またどのように次のステップに進んだかは、後のステップの基盤になりますし、次のステップに影響を及ぼしえます。特にステップ1で、複数交際を同時進行させていたカップルは、次のステップに進んだ後も、関係が安定しないことが、セラピストとして場数を踏むにつれ、分かってきました。あるカップルは、男性側がすぐに不安になったり、やきもちを焼いてしまったりするという問題を抱えていました。そうなった理由をひもといていくと、初期の段階で、女性が複数の相手と同時に会っていたことが分かりました。ようやく2人だけでつき合うことになった後も、男性側は、その不安定な時期の心情を引きずってしまっていたのです。初めこそ彼は恋に夢中、喜びいっぱいで、何も恐れていませんでした。ところが彼女さえいれば怖いものなどないという一種のエクスタシー状態が薄らぐにつれ、すぐに不安にさいなまれるように。ほどなくして彼は、ある大きな問いに対しノーという決断に行き着きました。「彼女は僕のそばにいてくれるのだろうか？　僕のことを愛してくれているのだろうか？」彼女が別の人と話したり、友達に笑いかけたり、パーティーに行ったりする度、胸をえぐられるような思いになりました。嫉妬など、それまでしたことはなかったのに。

セラピーを受ける前、2人は最初のステップが彼にどんな影響を及ぼしたのか、ほとんど話したことがありませんでした。ステップ1で彼が抱えていた痛みを自分の責任と女性が認める機会もありませんでした。初期にできてしまった傷を癒やそうとしてからは、彼女が彼の痛みを軽視することはなくなりました。言い訳する代わりに、彼と向き合うようになったのです。こうして2人は、新たなスタートを切れました。

ステップ2からステップ3へ

ステップ2までは比較的、順調だったのに、そこからステップ3に進むのに、苦労する人たちもいます。それは、関係性自体に不安を感じていることや、愛そのものを信じられないことに起因しているのかもしれません。「続けられるか分からないことを約束できない」と言う人もいます。他方で、結婚式やパッケージ全体はよしとしつつも、こう言う人もいます。「5年間だったら続けられそうだ。契約をしよう。その先は、両者が望めば、契約を更新すればよい」こういった話を近頃よく耳にします。ですが、そのような考えでいると、次のステップに進みにくくなるということは注意すべきです。

ですが、なぜステップ3に進む必要があるのでしょうか？　先を見据えることがそんなに必要なのでしょうか？　今を楽しみ、なりゆき任せでいるのが、なぜいけないのでしょうか？

未来をともに見据えることで、今この時をより楽しく過ごせるものなのです。デンバー大学の心理学教授、ハワード・マークマンとプレ・パートナー講座ＰＲＥＰの講師スタンリー・スコットは、パートナーシップに生じる義務の度合いについて研究しました。この研究により、互いに義務を負い、ともに将来を想い描くことで、より安定したパートナーシップを築き、よりよい共同生活を送れることが分かったのです。

アニー・リーボヴィッツが１９８０年12月、オノ・ヨーコとジョン・レノンの運命の日に撮影した写真を見たことはありますか？　オノ・ヨーコが、ジーンズと黒のセーター姿で、髪を垂らし、特別な光を帯びた瞳で仰向けに寝転がった写真を。彼女はそれが自分と最愛の彼と撮る最後の写真になるとは思っていませんでした。ジョン・レノンが銃撃されるほんの数時間前、彼はそんな風に彼女の隣に裸で横たわっていたのです。ジョンは足をヨーコの体に、腕を顔に絡ませ、口元を頬に寄せていました。体つきは大人の男性そのものでしたが、ヨーコに絡みつく様は、まるで母親のお腹で眠る胎児のようでした。裸で、傷つきやすく、甘えん坊で、信頼に満ちたその表情は、生まれたての本来の自分に戻ったかのようでした。

大人も、小さな子どものように安心と愛を大いに求めます。「僕/私のためにここにいてくれているの?」というのは、子どもの時、意識することも、言葉にすることもなく、両親に投げかけていた問いではないでしょうか? 私たちは同じ問いに、恋人からも、「はい」と答えてもらう必要があります。子どもの頃、一番近くにいたのは、ママとパパでしたが、今あなたの横にいるのは恋人でしょう。パートナーは、一番頼れる大事な支えでなくてはなりません。あなたの恋人があなたに背を向けたり、あなたが安心感を持てるように、はっきりと「うん。私はここにいるよ!」と答えてくれなかったりすれば、拒絶された子どものようにあなたが絶望したり、無力感を覚えたりするのも無理はありません。私たちが恋愛中に、しばしば子どもじみた振る舞いをしてしまうのは、そのためです。不安を感じ、愛着を覚える相手から拒絶されたと感じる時、他の人間関係では絶対にありえないような態度をとってしまったり。奇声を上げたり、怒鳴ったり、ドアを激しく閉めたり、怒ったり、黙り込んだり。

階段の上段に安定して長くいられればいられるほど、より調和のとれた幸福な関係を築ける場合が多いです。恋人があなたのことを好きで、自分のためにそこにいてくれると安心できれば、逆境や苦難や、ささいないら立ちに耐えられるでしょう。すると相手はこう言うかもしれません。「休日出勤だって伝えるのを忘れていたよ」あなたは少し怒るかもしれませんが、大きな問題は起きないでしょう。関係性が不安定で、立っているのが階段の端っこの場合、小さな問題も大きくなります。あなたはたとえばシンクに『間違えて』置かれたコップや、ソファに落としたままにされてべとついた砂糖を見て、憤るかもしれません。

自分たちの関係性に安心感を覚えていないと、献身的になるのはやめようと思うものです。私はこう確信しています。愛がほしければ、あえて献身的になり、注ぎうるだけの愛情を全て注ぎ、愛に身を投じましょう。ですが実際、相手に尽くすまでには、パートナーがそこにいてくれるという信頼が必要です。献身と義務は表裏一体です。私たちは自由になるため、あえて互いを縛り合う必要があるのです。

愛の重要な問い

愛の階段を上り、ステップ3に留まるために最も重要なことは、全ステップの基礎となる3つの質問に答えてみることです。ここでヘンリック・イプセンの戯曲、『人形の家』（矢崎源九郎訳

／新潮社／1953年）の最後の場面を見てみましょう。

1人の男ヘルメルが妻ノラに捨てられそうになります。そのショックが男の妻を見る目を変えました。男は妻にとって、他人以上になるにはどうしたらいいか尋ねました。

「ああ、あなた、それには奇蹟中の奇蹟が現われなくてはなりませんわ」と妻は答えました。

「その奇蹟中の奇蹟というのはなんだい？　と男性は言いました。

「それはあなたもあたしもすっかり変って――。いいえ、あなた、あたしもうそんな奇蹟なんて信じませんわ」

追い求めていたものがなかなか訪れないと、変化を信じられなくなるものです。

「だがわたしは信じよう」と夫は言いました。「さあ、言っておくれ！　わたしたちがすっかり変って――？」

「あたしたち二人の共同生活が、そのままほんとうの夫婦との生活になれる時でしょう」と彼女は言うと、出て行ってしまった。空っぽの部屋で1人になった夫に、一縷の望みが湧いてきました。「ああ、その奇蹟中の奇蹟が――?!」

1879年、コペンハーゲンの王立劇場で、ノラは初めてヘルメルに三行半（みくだりはん）を突きつけました。ノラの選択は、女性たちを開眼させ、イプセンは名声を得ました。この戯曲は、女性運動と投票権を求める闘いに重要な意味を持ちました。この作品は多くの国でセンセーションを巻き起こし、中国では、フェミニズムのことが『ノライズム』と呼ばれるようになりました。

ノラのように夫に三行半を突きつける女性は、現在、後を絶ちません。今ではノルウェーの離婚の3件に2件は、女性側が請求しています。離婚はもはや後ろ指をさされることではなくなりました。ただ一般的だからといって、全く辛くないわけではありません。『人形の家』は140年以上たった今も、世界で最も上演されている劇の1つです。恋愛関係の根源的なメカニズムは、時代や地域、階級を超え、存在し続けています。この劇の場面の多くが、日々のパートナーシップで繰り広げられているのです。

ノラはヘルメルのもとを去ったものの、希望を残しはしました。ヘルメルに必要なのは、奇跡中の奇跡が何なのか、理解することだけでした。そう、私たちには分かるはずです。そうすれば、パートナーシップに未来はあるしょう。奇跡中の奇跡は、誰かに導かれて信じるものではないからです。奇跡中の奇跡は、豪邸でもなければ、華やかな交友関係でも、高級車でも、ふかふかのマカロンでも、この上なくロマンチックな旅でも、刺激に満ちたセックスでもなく、全く別のものでした。

一番大事な問いは、「あなたは私のためにここにいてくれるの?」というものです。答えは行動で示すべきで、ノラはまさにそうしたのです。結婚生活の初めに、ヘルメルは命を落としかねない病に伏しました。彼の命を救うため、ノラは彼に内緒で偽の署名をして、お金を借りました。

柔和なほほ笑みの陰で、ノラは借金の返済に奔走していました。当時の法律や当時手本とされていた性別役割とは相容れない行為でしたが、ノラはそれが正しいと疑ってやみませんでした。ノラを突き動かしたのは、愛でした。ピンチが訪れても、ヘルメルが自分のそばにいてくれると、信じていたのです。彼が借金のことを知れば、責任をとるだろうと、彼女は確信していました。なのにヘルメルは、「いかに愛する者のためとはいえ、名誉を犠牲にする者はないぞ」と言ったのです。ノラは答えました。「でも何十万という女はそれをしてきたのです」ヘルメルは私たちが恋愛関係で互いにする、最も重要な問いに「ノー」と答えてしまったのです。ヘルメルはノラのために、そばにいたわけではなかったのです。彼のその反応を見た時、ノラの目が醒めました。そして心のカーテンを閉ざしました。そして自分たちの結婚生活は全て偽りだったと気づいたのです。2人の結婚生活を人間同士の真の関係に変えるには、愛の関係についての他2つの根源的な問いの答えが、「イエス」となるような経験も必要なのです。その問いとは、「私のことを、本当に好き？　本当の私を知ろうとしている？」というものです。

ノラはこれまで、ヘルメルの答えが「イエス」と実感できるような経験をしてきませんでした。彼は彼女のこと、彼女の意志や彼女の行動を理解することに関心がありませんでした。ノラが示した大きな愛が、彼の目には映っていなかったのです。ノラはヘルメルが自分を愛してくれるのは、彼の小さなヒバリのようである時だけで、ありのままの自分でいる時でないと思い知らされたのです。ノラはヘルメルのためなら社会の法も、不文律も破れるほどの、強い愛を抱いていたのに。

別れを思い立つ人は、大抵相手からなおざりにされていると感じています。その孤独感は家族やパートナーシップの責任をたった1人で背負ってきたことで積もり積もってきたものです。中には、愛情を踏みにじられたとか、軽視されたとか感じている人もいます。「愛してるよ」と言ったそばから、背を向けて、自分のことを優先するのでは意味がありません。あなたの恋人に、その人のためにそこにいるのだと分かってもらうには、それを示す必要があります。相手が電話をかけてきたら応答し、元気か尋ね、たとえとても楽しいわけではないと分かっていても、家族の集まりにはいっしょに顔を出しましょう。そして何かあれば、今やっていることは放り出して、手を差し出すのです。私たちは恋人にとって、自分が一番だと知る必要があります。ですが、他の人たちとも人間関係を築いたり、他の物事に関心を持ったりしてはならないわけではありません。ただここぞという時には、他の人よりも恋人を優先しましょう。

「愛しているよ」と口先だけで言っても、いっしょに出かけた時、相手の10歩前をすたすた行ってしまうのでは意味がありません。あなたの恋人は、あなたから、「いいや、君のことなんて好きじゃない。ここにいるのは、別に君のためじゃない」と言われているように感じるでしょう。恋人のことを誇りに思っているのを示しましょう。他の人に聞こえるように、恋人のことを、よく言いましょう。褒め言葉やねぎらいの言葉をかけましょう。対等だと感じてもらうため、相手が何を望んでいるか尋ね、それを実践しましょう。
いくら「君のことをもっと知りたい」と言ても、相手の話に耳を貸さなかったり、一方的に持論を語ったりするのであれば、意味はありません。相手の生活や関心事を知り、把握するようにしましょう。どんなに長く人生をともにしてきても、相手の全てを知り尽くしたと慢心せずに、関心を持ち続けましょう。そうすれば、相手もあなたが自分のことを理解しようとしてくれているんだと、知ることができるでしょう。

私たちには目も耳も、相手をなでる手もあります。いかなる時も、自分の恋人ともっと関係性を深めたいと示せます。それはイプセンが差し出してくれた鍵を受け取ることでもあります。言葉で、行動で、「私はあなたのためにここにいるよ。あなたを愛しているよ。私は本当の君を知りたいんだよ」と示すのです。そうすれば奇蹟中の奇蹟が、起きるでしょう！

役割と期待

ノラとヘルメルは、当時の性別役割にがんじがらめにされていました。現代でも、社会から期待される役目を果たせず、恥やフラストレーションを強く感じる人が多くいます。自分を蔑み、たとえば、複数のことをもっと器用に同時にこなさなくては、などと思ってしまっている人が大勢いるようです。また他人の価値を低く見る人もいるようです。責任のある役職で長時間労働をせざるをえず、パートナーから責められる人も。パートタイムに切り替えたり、主婦であったりすることで、厳しい言葉を投げかけられたり、見下されたりする人もいるようです。どんなパートナーや子どもを持つかも、関心もバイタリティの大小も人によって異なります。大半の人は、ただ意義のある日々と人生を送りたいだけなのです。政治的にも、人道的にも、さまざまな生き方を受け入れる寛容さをもっと示すようになれば、よりよいパートナーシップを築け、子ども、家族、個人が豊かな人生を送れるようになるのではないか、と思うのです。

まとめ

愛とは何か、何が愛ではないのかを、皆、ある程度、知っているはずです。この先を読み進めることで、パートナーが次の3つの問いにあなたが「イエス」と答えると分かってくれるようにするために、何ができるのか、理解できるよう願っています。その3つの問いとは、「あなたは私のためにそばにいてくれているの?」「私のことを愛している?」「本当の私を理解したいと思ってくれている?」というものです。

ですが、一番大事な答えは、あなたの中にあるでしょう。パートナーと以下のことを話し合ってみてください。

❋私があなたのためにここにいると感じるのは、どんな時？
あなたがそう感じられるよう、私にもっとできることはある？

❋私に愛されていると感じるのは、どんな時？
あなたがそう感じられるよう、私にもっとできることはある？

❋私が本当のあなたを理解しようとしていると感じるのは、どんな時？
あなたがそう感じられるよう、私にもっとできることはある？

上手くいっているカップルは、
つき合いはじめのことを振り返ったり、相手のどこ好きか、
最近聴いた音楽や、見た映画、行った場所、食べたもの、
楽しかった思い出について
話をしたりしているものです。

第4章 1＋1＝3

人は、辛いことだけでなく、うっとりするような喜ばしい状況にも、驚くほど、すぐに慣れてしまうものだ。マルグレーテが健気に尽くしてくれることに、私は数カ月もすると、大して感謝を示さなくなった。そして数年後には、当たり前と思うようになり、10年もすると、それを習慣と見なすようになった。

昔も今も私は自分たちが違い過ぎると思ってきた。私たちは2つの異なる世界――ひらひらと舞う蝶の羽根の世界と、硬いクリスタルの世界を築いていると。私たちは、いや、私は、だからこそ自分たちが、大きな山を動かせたことを、全く理解できていなかったのだ。

ヤン・シェスタ（ノルウェーの作家）

『発見者』より

私たちの私たち

「僕の恋人になりたいかい？」と彼は言いました。

「1＋1が3だって、分かってくれるならね」と彼女は答えました。

パートナーシップは、2人の個人によって成り立ちます。2人の異なる個人が、遺伝子と人生経験、また人生に巻き起こるさまざまな悲喜こもごもに、対処しながら、ともに生きていくのです。「あなたは決して私にはなれないし、私も決してあなたにはなれない。私たちは違った人間だ」と知った上で、生きていかなくてはなりません。これを理解するのは、よいパートナーシップを築く上で、最も重要です。これよりもう少し達成しづらいものの、同じぐらい重要な考え方は、パートナーシップは、2人の個人だけで成り立つわけではないと理解することです。

2人の人間が出会い、カップルになる時、2人以上に大きな固有の集団が生まれるのです。1＋1＝2ではありません。3なのです！『私たち』というのは、この関係性における3番目の集団です。そしてこの集団には、空間と注目を必要とする独自の内的ダイナミズムが見られます。

2人の関係がはじまった当初、つまり『私たち』が確立された時、2人は内側にも外側にも多くの注意を向けます。愛し合うカップルは、『私たち』の花を咲かせられる場所を見つけます。少し、またはしばらくすると、私たちは世間に出ていきます。より効率的に共生できるように、細かいことは気にしなくなり、ジュースやアールスバーグのチーズを買いに、お店に行きます。恋人を友達に紹介し、2人でいるのがいかに素晴らしいか話してばかりいると、友人たちが飽き飽きしてしまうかもしれません。カール・オーヴェ・クナウスゴールは、『わが闘争2 恋する作家』（岡本健志、安藤佳子訳／早川書房／2018年）の中で、これを見事に表現しています。

私たちは常にいっしょにいるようになった。信号のある横断歩道でも、レストランのテーブルでも、バスでも、公園でも、どこでも、突如、互いを求めるようになったのだ。互いのこと以外に、何の欲求も意志もない。私が完全に自由を感じたのは、彼女といっしょにいる時だけで、一瞬でも離れようものなら、たちまち恋しく／寂しく思うようになっていた。

『私たち』が確立されると、互いに最初の頃のような注目は注がなくなります。人とはないものねだりなもので、他に夢中になることを探すのです。周囲の人にとっては、あなたと恋人以外の話ができるのは、願ったり叶ったりかもしれません。ですが、水をもらえずに生きられる木はありません。『私たち』を生きながらえさせるには、内から見ても、外から見ても、『私たち』が優先されている必要があるのです。

私たちが『私たち』の存在を心にとめておけば、『私たち』を優先できます。『私たち』に思い出や悲しみ、苦難や喜びもあると意識しておきさえすれば。『私たち』に時間と注意を注ぎさえすれば。上手くいっているカップルは、つき合いはじめのことを振り返ったり、相手のどこが好きか、最近聴いた音楽や、見た映画、行った場所、食べたもの、楽しかった思い出について話をしたりするものです。（これを『「ねえ、覚えてる？」の対話』と呼びます。）

世間に交際を公にした時から、または他の人たちに、『私たち』がカップルと認識された時から、外部からの視線を浴びるようになります。「2人でおいでよ」と招いてくれたり、カップルとしての2人を好いてくれたりする友人は、非常に貴重です。互いの家族に受け入れられることは、恋人関係を育む肥料になります。ある女性は言います。「義理の両親が家に遊びに来る時、決してあなたたちとは言ってくれません。たとえば新しい絵を買った時、義理の両親は「あなたたち、すてきな絵を買ったのね」と言う代わりに、夫に「おまえ、すてきな絵を買ったね」と言いました。悪気は全くないのでしょうが、私は疎外感を覚えてしまいます」またある男性はこう言います。「私の義両親は、私たちカップルが何か楽しいことができるようにと、よく子どもを見てくれます。すると私は、義両親から私たちカップルが評価されていて、2人でい続けるように望んでいてくれるのだと感じられるのです」私たちは、周囲のカップルを支持することで、2人の愛に寄与します。

時々、『私たち』がはっきりと外に現れる時があります。私のカウンセリング・ルームのソファに座っていたカップルが、喧嘩をはじめる時がそうです。突然2人が私のことをそっちのけで話をはじめる時も。そんな時は、まるで2人の間に完全に独自の言葉が存在するかのように思えます。互いに示す動き、声のトーン、言葉のチョイス、話し方は、そのカップル特有のものです。私はそんな時、2人の特別な絆を感じます。まるで2人が一心同体に思えるのです。『私たち』を完全に理解できる人は、本人以外にいません。まわりの人たちは、カップルが上手くいっているのか、彼らにとって、『私たち』というのが実際、何なのか、正確に知ることは決してできません。凸凹(でこぼこ)カップルと呼ばれる人たちって、よくいますよね？ そういうカップルを見て、まわりの人は時にこうささやくかもしれません。「あの2人、何でつき合ってるんだろうね？

合うのかな?」ですが、2人には外から見えない2人だけの世界があるものです。互いに強い絆を感じ、『私たち』であることを、強固な現実と捉えているのかもしれません。他方で、外からはお似合いに見えても、実は別れそうだったり、絆が今にも切れそうだったりするケースもあるかもしれません。ある女性が言っていました。「私たちは友人と散歩に行き、常に誰かを家に招いていいました。なので、まわりの人たちは皆、私たちが上手くいっていると思っていたことでしょう。ですが、ゲストを絶えず呼んでいたのは、2人だけでは間が持たなかったからなのです」

今にも関係が壊れそうな時、別れそうな時、一方が別れを切り出そうとしている時、私たちは渇望や悲しみや痛みを感じます。渇望しているのはその相手だけでなく、人間としてのその人であるかもしれませんし、大抵の場合、『私たち』がなくなることを――私があなたといっしょにはいなくなることを――悲しんでいる場合が多いのです。アーティストのヴィンニが、「……私の半身が消えてしまった」とラップの中で悲しみを歌ったように。

離婚の時に子どもが感じる悲しみの深さは、必ずしも理解されません。多くの人はこう言います。「悲しまないで。皆、ここにいるんだから。私たちはこれからもいっしょに生きていくのよ!」『私たち』が2人だけなら、悲しみを乗り越えるのはそう困難ではないかもしれません。しかし、『私たち』が、3人、4人、5人と増えていくと、悲しみを乗り越えるのはより困難になります。散歩に行く時、映画を見る時、夕飯をいっしょに食べる時に生まれたはずのものは、消えてしまいます。その機会と空間は消えてしまうのです。『私たち』を焦がれる気持ちは、現代人の多くが抱えています。そのことをほとんど自覚していない人もいれば、恥や困惑を感じている人もいるでしょう。こんなふうに。「あんなに問題だらけだったのに、恋人や家族を失った悲しみはどうしてこうも大きいんだろう？」

あなたの属する『私たち』を当たり前と思わないようにしましょう。人が時間や空間や栄養を必要とするのと同じく、『私たち』もまた注目を必要とします。ある男性はこう言いました。「週4回、トレーニングしていた私は、ある日、ふと気づかされました。仕事と自分の体のことばかり気遣って、妻との関係性にはほぼお構いなしだと。私は早めに家に帰り、仕事から戻ってくる妻を驚かせようと、夕飯と映画のチケットと託児の申し込みチケットをポケットに隠して待っていました。妻に軽くあしらわれないか、心配ではありましたが。妻をもてなすなんて、これまでしたことがなかったのです。ですが、彼女は喜び、その晩は私たちにとってある意味、新たな門出になりました。私は健康のため、あいかわらずトレーニングにいそしんではいますが、それ以外は妻との時間に費やすようになりました」

あるカップルは、どちらが決定権を持つかで、過去によく喧嘩していたと私に話してくれました。2人は町にディナーを食べに行って、その後、何をして過ごすかで言い争いになった、というエピソードを披露しました。怒った2人は、別々に過ごすことにしたそうです。しかし離れ離れになったところで、どちらも楽しい思いはできませんでした。なぜなら、2人ともできることなら誰かといたいと思っていたからです。それに喧嘩してしまったことで、金曜日の夜はどんよりとした気分を引きずってしまいました。「今は、そんなことで喧嘩することはなくなりました」と女性の方は言いました。「決してね。だって子どもができてからは、2人で出かけることはなくなったから」と男性の方は笑った後、真剣な調子に変わりました。「本当にその通り。2人だけでいることがほとんどなくなったからね。以前の私たちは、自分たちのことを何も分かっていなかった。でも私たちが家族であることや、お互いがお互いにとってどんな意味を持つのか意識するようになった今では、何かいっしょに決めるやり方も関わり方も変わってきた。以前はなかなかお互いの意見を譲らなかった私たちも、今では互いに絶えずこう問いかけるようになったのです。どの選択をすれば、自分たちカップルを一番いたわれるのだろう？ しかも驚くことに、意見はいつも一致するのです」

私とあなたは別個の人間

私は半島に暮らしていて、町に出る時は、船を使います。船の上で夫と私は晩夏を楽しみます。売店でアイスを買い、デッキで身を寄せ合い、顔にお日様の光を浴びながら、おしゃべりをしてくつろぎます。何て気持ちのよい日でしょう。しかし、船が到着し、立ち上がった時、夫が上着のポケットにアイスがついていることに気づきました。しかも外側だけでなく、ポケットの中にまで。夫は私の方を指さしましたが、それは奇妙なことではありませんでした。いつも汚すのは私だったのですから。夫は言いました。「よくも上着を汚してくれたな！」私は笑うと、ふざけて口をとがらせ、言い返しました。「いいえ、私じゃないわ。汚れているのは右側でしょ。私が座っていたのは左側だもの」「すまない」と夫は言いました。「君を責めた私が悪かった」アイスのしみぐらいで文句を言うなんて。彼といて、こんなに楽しくないのは、初めてでした。波止場では、顔見知りの人たちが大勢、船に乗ろうと待っていました。その時、私は夫のある行為に気づき、顔から火が出そうになりました。少しだけ残っていた楽しい気分も一気に吹き飛びます。だって夫がアイスでべとべとになったポケットをつかみ、引っくり返して、それを顔に近づけ、かがんで、舌を何やらぺろぺろしはじめたんですから！　人前でポケットをなめています！　私は自分がドン引きしていることに気づきました。「一体、何してるの?!」でもすぐに私は自分を外から捉え、己の思考と感情を客観的に見つめることができました。カウンセリングでいつも求めていることを、自分もするべきだと気づいた私は、自分にこう言い聞かせました。「私とあなたは別個の人間だ。私は私、あなたはあなた。彼は半分ご近所さんみたいな人ばかりがいる前で、ポケットをなめたい。それは彼の勝手だ」自分にそう少し話しかけるとたちまち、困惑が消え、今の状況がひどく可笑しく思えてきました。前にも同じような思慮深さを持てたらよかったのに、と思いました。たとえば結婚式の時、彼が当時ファンだったａ－ｈａのモートン・ハルケットみたいに、ノルウェー・セーターを着て、手首に革の紐を巻きたいと彼が言って聞かず、夜中、思い悩んだ時。

どんな時、自分たちをチームとして捉え、どんな時、自分たちを別個の人間だと捉えるべきか理解することが重要です。相手があなたの好みじゃない服装をしている時、ポケットをなめる時、別の意見を主張してくる時、自分の意見ばかり押しつけないようにしましょう。それはあなたでなく、パートナーの問題なのです。あなたが恥を覚え、ディナーのテーブルの下で恋人の足を蹴る必要など、ちっともありません。または私の夫がこう言う通りではないでしょうか。「寛容さを身につけることは、私たち皆に利すること。君が道で鼻歌を突然歌い出した時、昔は恥ずかしいと思ったけれど、でも別に大したことじゃないと気づいた。私たちを呼び止めて、歌うのをやめるよう言ってきた人などいないのだから」ですが私たちがいくら寛容であっても、まわりの人たちが私たちの言動をあまり歓迎しないことはあるので、まわりからどんなふうに見られているか時折は助言し合ってもよいでしょう。間違いを決して正されず、まわりに合わせずにきた人は、つき合いづらく、周囲から煙たがられかねません。そのため、互いの間違いを指摘するのも、愛です。ただその際、相手に敬意を払い、必要以上に指摘しないようにしましょう。

自分にこう問いかけてみましょう。あなたの行動が、他の人が快適に過ごす妨げとなるのは、どんな時ですか？　どんな時、カップルの絆にひびが入りますか？　例はたくさんあります。カップルの一方が、パーティーに2人で行くのをあまり楽しく思わないという相談を時々受けます。それはたとえば、一方が文句ばかり言っているとか、他人をあげつらってばかりいるとか、飲み過ぎだとか、他の参加者といちゃいちゃしていたとか、原因がある場合が多いです。またはカップルの片方が気乗りしないパーティーに行っているとか、一方のマナーが悪く、パーティーにめったに招待されないとかだったりします。そういったことについて、パートナーが指摘してくれるのであれば、間違いを正してくれたことに感謝し、変わる努力をしましょう。

私たちが相手と自分は別個の人間だと理解する時、それぞれ別の荷物と、異なる期待と、異なるニーズを持った2人の別個の人間だということも分かるはずです。夕ご飯がパンだけでも平気ですか？　部屋はどれぐらいきれいにしていたいでしょう？　あなたにとって、くつろぐとは？　どれぐらいのことが起きたら、あなたは楽しい気分になれますか？　捉え方は人それぞれです。相手が世の中をあなたと違ったふうに捉えるのは、物事をややこしくしようとしているからではありません。私たちがそれぞれ違っているように、捉え方も違っている、ただそれだけなのです。なので必要なのは、話をすることです。

言わない限り、あなたが何を恋人に期待しているかは分かりません。あなたがサッカーの試合を見るのを楽しみにしているなんて、分かりっこないですし、あなたの友人を家に招待したいという気持ちを察することはできません。

私たちが人生にどれぐらい失望し、どれぐらい満足するかは、実際に起きる出来事と期待が一致しているかに左右されます。期待を明示し、すり合わせるのが、仲よく生きる上で、最も重要です。

ある男性は私に、彼と奥さんが、それぞれの異なる感情、ニーズを伝え合うために、2人の間で『期待の管理』と呼んでいるある習慣を取り入れていると言いました。この言葉を夫妻が使うと、まわりの人たちは、それに期待の管理以上の意味が込められていることに気づきます。たとえば、夫妻はお互いにこんなふうに言うそうです。「今日のうちに、少し期待の管理をしよう。私は○○の集まりに間に合いそうにないんだ。君が1人で行くことになったら、がっかりするかい？」または「週末になる前に少し期待の管理をしない？　私は2人だけで過ごしたいの。でも途中少しだけ仕事がしたくて……」日中、ちょっとしたことについて、ショートメッセージやチャットで期待の管理をしたい場合には、『注』と書きます。たとえばこんなふうに。「注。夕飯、遅くなります」「注。上司に怒られました。今日は少し機嫌が悪いです」

このカップルは、互いの心の中で何が起こっているのかを推測するのではなく、理解を深め、いさかいを減らす上で役に立つ実践的なことを伝えることで分かろうとしているのです。これらを知ることで、チームとしての一体感が増します。期待の管理を率先してやることで、自分の願いやニーズに責任をとるだけでなく、チームが上手く機能するような状況を整える責任をも負うことになります。少し疲れているとか、落ち込んでいるとか、自分の弱さをパートナーに見せることで、恋人は失望したり、相手のいらいらした雰囲気に不満を覚えたりする代わりに、思いやりをもって接することができます。カップルは、自分たちのやり方で、自分たちの小さな言葉を見つけることで、さらに刺激を受けるでしょう。

常に『同じ波長』でいるのは、当然のことではありません。相手の機嫌が悪かったり、疲れていたり、眠たかったりするのに、振り回される必要はありません。ハルディス・モーレン・ヴェソースは、『門の上の言葉』という詩の中で、『私とあなた』であることについて、この上なく素晴らしい解釈をしています。

あなたは門の一番内側にいる私のところにやって来て
私はあなたのところに近づいた
門の内側には、私たち2人きり
これからもずっと

あまり踏み込み過ぎないのが
2人のルール
たまに会うか、めったに会わないことで
会う時に余計に信頼と平穏が生まれる

私が訪ねてきた時にあなたがいなくても
別に構わない
そのまましばらく家を見つめ、

あなたはここに住んでいるんだ、と感慨深く思う
あなたがこの砂利道を戻ってきて
私がここにいるのを見たら、嬉しそうに微笑むだろうと分かっている限り、
この家に私の居場所はあるのだ

バラードの歌い方

2人がパートナーになることで、3つ目の集団が生まれるのと同じように、子を持つ家族となった瞬間に、4つ目の集団が生まれます。過去の結婚生活で子どもがすでにいて、新たに子どもが生まれた場合にも、同じく4つ目の集団は生まれます。同時に、この集団の中にもまた複数の集団が生まれます。1つは、2人の間に生まれた子どもとの間に、もう1つは、両親のうちの1人と過去の結婚生活で生まれた子どもとの間に。

家族を織りなす集団を図式化すると、それをもとに話ができます。人数が多ければ多いほど、2人を取り巻く人間関係は増え、理解し、把握し、バランスを見なくてはならない事項も増えてきます。

あるカップルが自分たち家族を図式化しました。男性は4つ目のグループ、つまり自分と恋人、2人の間に生まれた子どもと、前の結婚でもうけた息子を別の1つのグループとしました。それ

から彼は自分と息子を1つの別個の集団としても描きました。それを見た女性は目に涙をためて言いました。「ごめんなさい。私、気がつかなかったの。あなたたちにも、あなたたちだけの世界があるのね。あなたたち2人だけでいる時間が少しは必要よね。私、あなたがあの子を連れて2人だけで出かけようとした時に、ひどく怒ってしまったわ！」2人はそのことについてしばらく話をしました。男性はいたく感銘を受け、言いました。「僕があいつと2人だけで何かしようとすると、君が強く抵抗することは、家庭生活を送る中で、一番頭の痛い問題だった。僕の機嫌が悪かったのは、そのせいさ。そのことが僕たち2人の関係性にも影響していた気がするよ。君が分かってくれてよかった。これで希望が生まれそうだ」

私とあなたと『私たち』で家族関係が成り立っていると理解し、家族には独自の集団があって、その家族の中でもさらに複数の集団を形成していると分かると、どうバランスをとり何を優先するか話しやすくなるのです。すると私たちは、互いにどんなふうに影響を及ぼせばよいのか、話せます。私たちがどこを意識して、どこが意識できていなかったのか。私たちはどの面でバランスがとれていて、どの面で改善が必要なのか。

かつては、多くのカップルが『私たち』中心主義でした。個を培ったり、1人で関心事を深める風潮がほとんどなかったのです。今日では、私たち中心主義が行き過ぎると、息が詰まり、自分を失うと考える人が増えてきています。

ですが、年配のカップルの1人がパートナーの意思も確かめずに勝手に「『私たち』は魚が好きじゃないんだ」と2人の代表として意見を言ったりしているのを聞くと、『私たち』をあまり意識していないのだなあ、と思います。昔は一方が『王様』または『女王様』で、もう一方が、尊敬する人に運よく仕えることのできた家来であるかのように振る舞うカップルもいました。今でもそういうカップルはもちろんいますが、減ってきています。このような種類のパートナーシップを終わらせた人の多くが言います。「2人でいても、私の居場所はない」

対等であればあるほど、人間関係の質は高まり、長続きするようになります。対等というのは、同じだけ稼いでいるとか、同じ役割を負うとかいった意味ではありません。どちらか一方が一方を尊重するのでなく、互いを同じだけ尊重することなのです。

ところが、「これ以上、つき合い続けられるか分からない。私1人が頑張って関係を維持しようとしているのだから」と言う人も出てきます。一方はパートナーや家族を一番に優先させたいと思っているのに、一方は自分のことばかり優先させている。パートナーシップをどうでもよいと思っているから、このような行動をとっているとは限りません。自分が無償の奉仕を受けているという認識はあっという間に薄れるものです。もしもあなたにも覚えがあるのなら、パートナーの堪忍袋の緒が切れてしまう前に、『私たち』に意識を向けましょう。そうすれば、大事なものを失わずに済むでしょう。

『私たち』の一員になりたいと強く望んでいるにも拘わらず、どうしたらいいか分からなかったり、蚊帳(かや)の外に置かれていると感じたりしている人もいるでしょう。妻と子どもを1つの円の中に、自分のことを別の円の外に描いた男性もいました。それを見た奥さんはびっくりして尋ねました。「あなた、私たちから離れたいの?」するると男性はこう答えました。「まさか。そんなことちっとも考えていないよ。でも、その図のように僕はいつも感じているんだ。僕は決して入れてもらえない。君と子どもの輪に。君たちの世界から閉め出されているみたいだ。君たちが私に期待しているのは、金を運んでくることだけだろう」両者は泣き出し、これまでのパートナーシップを振り返りました。そして、今後、どんな関係を築きたいのか、そのために何が必要なのか、じっくりと話し合いました。

現代社会にはびこる個人主義の風潮は、『私たち』に影響を及ぼします。仕事でも、プライベートでも、互いに干渉しない人は多いようです。ただ、一部の人たちは互いに自由を与え過ぎているように見えます。この個人主義的志向は近年とりわけ色濃くなってきていて、パートナーが望むことは何でも受け入れなくてはならないし自分も相手に遠慮せずに、やりたいことは何でもしてよいと考える人は増えてきています。『私たち』のことを考えられないのは、『私たち』の存在を意識せずに、自分のことばかり考えているからです。そして恋人が他の人とキスしたり、どうせ1人で過ごすならと、パートナーが別の人とバカンスを過ごすと言い出したりして初めて、己のこれまでの態度を恥じるのでしょう。小さい子どものいる家族は、いわゆる「日替わり家族」のようになりがちです。ある日の晩は奥さんが出かけて、1人、用事を済ませ、次の晩は夫が出かけて、用事を済ませます。カップルで、または家族で何かすることはめったにありません。小さな子を持つ個人重視の家族がよく別れてしまうのも、うなずけます。水をあげなければ、『私たち』という花は枯れてしまいます。

「私が何を悲しんでいるか分かる?」とある女性が言い、夫の方に目をやったことがありました。「家族でいる午後、私が何もしていないと、あなたにほぼ決まってこう言われることよ。『それなら、もっと残業できたのに』」

「ああ、だってそうしたら君が子どもたちといっしょにいて、私は早く帰らなくて済む」と夫が言いました。

「それよ」と妻は言いました。「あなたは分かってない! 家族でいっしょに過ごすために、あなたに早く家に帰ってきてほしいのに!」

「そうかい。だが子どもが寝た後、2人で過ごせるだろう」と夫は言いました。

「そうね。でも、それは別の話よ」と妻が言いました。

すると夫から、こんな言葉が飛び出しました。「私は2人で過ごす時間が少な過ぎると感じているんだ。君ともっと2人きりでいたいし、もっと恋人らしくしたいんだ」

妻は不思議そうに夫を見ました。「子どももいっしょだと、恋人とは感じられないの?」

「少しは感じられるさ。だけど、2人だけの時とは違う」

「私と真逆ね」と妻が言いました。「家族でテーブルを囲んでいる時、家の中や外での散歩でいっしょにいる時、私は心から自分たちは1つなんだ、あなたは私の恋人なんだ、と感じられるの」

夫は妻を見つめました。「そんなふうに考えたことはなかった。2人きりでいたいと強く望んでいたから、私は君たちを避けてしまっていたんだろう。君がそんな風に思っているなんて、知らなかったよ」

「私はあなたが家族生活に加わろうとしないから、ますます2人でいるのを無意識で避けていたのかも」

このような会話を何度も耳にしたことがあります。同じようなカップルは珍しくないのです。男性側は2人でいる時に恋人だと感じ、女性側は、家族でいる時に恋人だと感じる。そしてどちらも思いが果たせず、パートナーに背を向けるようになる。男女が逆の場合もあるでしょう。大事なのは、お互いがどうしたいか、話をすることです。あなたがパートナーと恋人だと感じられるのは、パートナーと2人でいる時ですか？　それとも家族でいっしょにいる時？　あなたが一番求めるものは何ですか？　自分たちの求めるものを手に入れられた時、恋人同士だという実感を得られることはよくあります。

子どももいっしょにいる時、恋人だと感じられる人は、パートナーと苦楽を共有できるからかもしれませんね。2人の大人が話し合って、家族生活を営む時、大人1人と子どもでいる時とは別のダイナミズムが生まれます。家事や子育てを2人でやることで、パートナーが自分のために家にいてくれるのだと感じられます。すると家にいる方は、あなたと恋人同士と感じられるでしょう。

子どもが生まれ、4つ目の集団ができた時、家族に重きを置くのは、よいことであり、また正しいことでもあります。ですが、それ以外のことで忙しい人たちも多いです。お金を稼がなくてはなりませんし、キャリアを築き、守らなくてはなりません。健康も友情も同じく大事にしなくてはなりません。すると『私たち』をすぐ忘れてしまいます。そしてパートナーシップに注意を向けなくなると、将来はさらに不安定になるでしょう。将来が不安定になればなるほど、私たちの意識は不公正な現状に向けられるようになります。孤独を感じれば感じるほど、安心感を求める思いも増します。

ステップ3に安定して留まれたら、『私たち』はいっしょになれると思うでしょう。すると、毎日、毎日、バランスをとって、平等であろうとしなくても、長期的に見ると、バランスがとれてきます。そうしたらパートナーが1年大学に行く間、私が家のことをするといったことも可能になります。そしてその後の1年は、たとえば私は趣味にもう少し力を入れ、パートナーに少し家庭を任せる、なんてこともできるのです。

私たちが全く同じだけ仕事をし、同じだけお金を払う以外にも様々な方法で、バランスをとることができます。バランスというのは、大抵互いの違いを見極め、尊重し合うことでとれるものだからです。あなたは私とは違うし、あなたが持つものは私が持つものとは違う。互いを補い合いながら生きる時、1＋1＝3になるのです。

まとめ

❋私たちの『私たち』

『私たち』が生まれた時のことを覚えていますか？

あなたたちの『私たち』を守るために、あなたたちは何をしていますか？

今、まさにあなたたちが一番必要としているのは、何だと思いますか？

今はやめてしまったけれど、前はいっしょにするのを楽しみにしていたことはありますか？

それを再開する時間と余裕が生まれるようにするには、どうしたらよいでしょう？

❋『私たち』には内からの栄養だけでなく、外からの栄養も必要

あなたたちの『私たち』を見守り、『私たち』を大事にするための手助けをしてくれるのは誰ですか？

あなたたちは世の中にあなたたちが『私たち』なのだと、どうやって示しますか？

❋私

今、『私』に一番必要なのは何でしょう?

あなたたちはどうしたら、『私』を互いに尊重できるでしょう?

❋バランス

『あなたたち』という集団のバランスはどうですか?

そのバランスに、あなた方は満足していますか?

違っていたらいいと思うのは、どういうところですか?

よりよいバランスを保つために、何ができますか?

愛すること、愛されること。
それは私たちの願いです。
ですが、私たちが愛されていると感じる要因は、何でしょう?
私たちの間に、ポジティブな感情を生むのは何でしょう?

第5章

愛の言葉と感情

僕は君とすごく踊りたい
君の髪をなで、優しくしたい
君に伝えなくちゃいけないことが、いっぱいあるのに、
言えないのさ

オーエ・エレクサンダーセン（ノルウェーのロック・アーティスト）作詞
『君と踊る』

太陽の木と影の木

お日様がさんさんと輝く日には、嬉しくなり、次の日、雨が降ると、ほんの少し気分が落ち込みますよね。私たちの関係も同じです。恋人と公園を歩いていて、交わされる会話が、肌を冷たくなでる風のように感じられる日もあるでしょう。またある時には、2人の会話は互いの肌を突き刺す雹（ひょう）やあられのように感じられるでしょう。

私たちが築く重要な関係性にはどれも、私が呼ぶところの『2本の木』があるのだと思うのです。それらは、私たちの関係次第で、育ち方が変わります。2本の木は、『太陽の木』と『影の木』です。太陽の木は、私たちの間にポジティブな感情が生まれた時に育つもの。太陽の木の枝やてっ

ぺんにも大きな太陽があると想像してみてください。影ではなく、日の光を落とせるように。私たちの間にネガティブな感情が渦巻く時には、影の木が元気になります。それらの木は密集しているので、日の光を全く通しません。そして影の木が高くなればなるほど、そこから伸びる影も長くなります。

アメリカの心理士、ジョン・M・ゴットマンは、カップル研究の第一人者です。ビデオ撮影、脈拍と血圧の測定を通し、たくさんのカップルを観察することで、何がパートナーシップをよくし、何が悪くするのか、実に多くのことを解明しました。

代表的な発見は、カップルが2人の関係性のバランスを保つためには、ネガティブな感情を1個抱いた際に、ポジティブな感情を最低でも5つ、抱く必要がある、ということでした。人はポジティブな感情よりも、ネガティブな感情にずっと影響されやすいものだからです。カップルでいる方が、1人でいる時よりもメリットが得られ、よいことが起きると感じるのにも、同じくネガティブな感情を1つ感じたら、少なくとも5つ、ポジティブな感情を抱く必要があるようです。ゴットマンの研究を太陽の木と影の木の話に当てはめると、影の木は太陽の木の5倍速で伸びる、と言えるでしょう。

あなたの同僚が会議に大幅に遅れて来たとします。するとあなたたちの間の影の木は、大きく伸びるでしょう。ですが以前からあった太陽の木がまだとても高くそびえているので、あなたはいら立ちを表に出すには至らないでしょう。心地よい会話を交わせ、日々の暮らしが滞りなく送れれば、太陽の木は再びぐんぐんと伸びるでしょう。

あなたが太陽の下で散歩をしていて、公園のベンチに座っていた友達に出くわします。自身の人生について少し語る友人の話に、あなたは耳をすませるのでしょう。次はあなたが自分の人生について少し話をし、友人が耳を傾ける番です。あなたたちの間の太陽の木はぐんと伸びるでしょう。

あなたが母親に電話します。そして母親から、「最近ちっとも電話してくれなかったわね。仕事、頑張ってるのね」と言ってきます。すると、あなたと母親の間の影の木が生長します。

あなたとパートナーがキスをします。あなたはベンチの上で彼女に膝枕します。あなたは彼女の心配事に耳を傾け、親身に質問をし、彼女の髪をなでます。するとあなたたちの間の太陽の木が生長します。やがてあなたたちは立ち上がり、歩き出します。保育所へ行く途中、自転車を指さし、ああいうのがほしいね、とあなたが言います。ところが彼女はそっぽを向いて、聞いていません。すると影の木がむくむくと大きくなります。あなたたちは夕飯のメニューをめぐり、喧嘩になりました。あなたは、「夕飯を作るのはいつも僕じゃないか」と言いました。彼女はあなたの食生活は不健康過ぎる、あなたは健康への配慮が足りない、と言います。影の木が立ちこめます。その後、保育所に着くと、子どもが2人に一気に抱きついてきました。あなたたちは互いに目配せをして、幸せをかみしめます。すると太陽の木の背がまたむくむくと伸びます。あなたたちはいっしょに大きな木にぶら下げられたブランコのところに行き、子どもの背中を押してやります。ブランコは高く高く舞い上がります。太陽が降り注ぐ中、笑い声が上がります。彼女があなたの耳元で、「今夜、あなたがほしい」と言いました。太陽の木はさらにむくむくと伸びます。

ゴットマンの研究によって、上手くいっているカップルが、そうでないカップルに比べ、大きないさかいが少ないわけではないと分かっています。ですが、上手くいっているカップルは、互いによい関係を生む事柄を存分に満喫しています。私たちは皆、違っています。私たちはネガティブなことにも、ポジティブなことにも、違った反応を示します。あなたが全く気にしないことに、パートナーがネガティブな反応を示すことで、影の木が大きくなることもあるでしょう。恋人が無意味と見なすもののおかげで、あなたの太陽の木が急激に大きくなることもあるでしょう。何が太陽の木や影の木を生長させるかを、互いに伝えましょう。そうすることで、太陽の木を影の木より高く保つことができるからです。

太陽に照らされたものは、少しよさが増します。影が落ちたものは、少しよさが失われます。影の木が私たちの間で最も高い時、私たちが実際に自分たちの持つポジティブな面に気づいたり、それらを慈しんだりするのが難しくなります。太陽の木を常により高く保とうとすると、太陽の光が苦難を和らげ、影の木の伸びる速度をゆるめますし、問題が生じても、私たちは毅然としていられます。許しを上手に請うたり、相手が差し出してくれた手をとったりできるようになるでしょう。太陽の木が高く、強いのなら、その木は、人生が苦難の連続で、前に歩き出す力が出ない時に、私たちを助けてくれるでしょう。太陽の木を大切にするようにしましょう！

ジョン・ゴットマン

ジョン・ゴットマンはおそらく世界で最も有名なパートナーシップの研究者でしょう。現在、シアトルで研究所を運営しています。彼は心理学者になる前に、数学者の学位をとりました。数学と心理学が組み合わされている点が、彼の研究の大きな特徴です。彼は、ワシントン大学の恋愛研究所という研究機関などで、40年近くカップル研究をしてきました。ドットマンはその研究所にカップルを1～2日、宿泊させ、ビデオカメラで観察し、生理的な変化を測定しました。そして数年後にカップルを再び呼び寄せ、新たな観察を行いました。ゴットマンは数十年間、たくさんのカップルの関係を追った結果、興味深い発見を多数しました。彼の研究は、ちょっとした努力でよいパートナーシップを築くことができることを明確に示しました。彼の主な発見の1つは、ネガティブな感情を1つ抱いたら、少なくとも5つポジティブな感情を抱く必要があるという『1対5の法則』でした。先述の太陽の木と影の木の話も、この法則に基づいています。私たちは拒絶されたり、攻撃されたり、背を向けられたりした回数の少なくとも5倍、歓迎され、気遣われて初めて、愛という偉業を成し遂げられるのです。さらに私たちは失敗から立ち直ることで、ゴットマンの言うところの、『愛の生活の達人』になれるのです。

愛の言葉

愛し、愛されたい――それは私たちの望みです。ですが、何が私たちを愛されていると感じさせるのでしょう？　私たちの間に絶えずよい感情を生み、よい感情の銀行口座の残額を増やし、太陽の木を育てるのは何なのでしょうか？

あなたはひょっとしたら、あなたの恋人に愛を与えるために、頑張っているつもりかもしれません。ですが、あなたの献身を相手が受け止めてくれるとは限りません。あなたの太陽の木の生長速度を速めるものが、あなたの恋人に必ずしも同じように作用するわけでもありません。そしてあなたの悪気ない言葉で、影の木がたちまち大きくなることもあるのは、なかなか理解しづらいかもしれません。それは私たちの『愛の言葉』が異なっているからです。

中には、ケーキの上にアイシングをするみたいに、よい言葉をすらすらかけられる人もいます。温かな言葉で愛を示したら、相手からもよい言葉をかけてもらう必要があります。私たちは自分がされて嬉しいことを、相手にもします。ですがあなたの恋人が一番欲しているのが体の触れ合いなら、恋人の心にあなたの愛の言葉が届くとは限りません。あなたが愛を感じる事柄に、あなたの恋人も必ずしも同じように愛を感じるとは限りません。

世界数百万の人たちを励ました『愛を伝える5つの方法』（ゲーリー・チャップマン著／ディ

フォーレスト千恵訳／いのちのことば社／2007年）で、アメリカのカップル・カウンセラーで博士のゲーリー・チャップマンは、愛の表現を5つにグループ分けしました。私はそれら5つを、『よい言葉』『ともに過ごす時間』『実践的な注意』『身体の接近』『プレゼント』と呼ぶことにしています。愛の言葉をこのように5つのグループに分けることで、私たちがお互いにどんなふうに愛を表現しているのか、どのような言葉が心に届くのかが分かりやすくなります。愛の言葉に優劣はありません。愛の言葉はどれも等しく、よいものなのです。ここで重要なのは、それが私たちにとって何を意味するかです。さまざまな愛の言葉を意識することは、私たちが自分の感情について、また相手の心に愛を届けるために何ができるかを理解する助けになります。

よい言葉

よい言葉は、ほんの数秒で言えてしまいますが、言うか言わないかでは、大違いです。よい言葉というのは「私はあなたのために、ここにいるよ」「私はあなたが好きだよ」「私はあなたのことを分かってるよ」と伝えるものです。それらはさまざまな形で表出します。愛の言葉は、「美味しいご飯をありがとう」「また会えて嬉しい」といった日常の言葉から、「あなたのいない人生など考えられない」「あなたを愛している」「あなたがいてくれて嬉しい」「あなたが一番」といった愛の告白まで、さまざまです。あなたが相手のことを思っているのを示すための言葉です。たとえば、「今日の会議、頑張って。あなたは一番だってこと、忘れないで！」とか。また相手が魅力的であって、無力な人間ではないのを示す賛辞もまた、よい言葉です。「何てかわいいんだ」「いい匂いがするよ」などが、その例です。中には相手を慰め、心を穏やかにする言葉もあります。「あなたが悲しんでいるのが分かるよ」「たとえどんなに悪そうに見えても、あなたには1つ分かることがあるでしょう。あなたは1人じゃない。私がここにいるよ」別の言葉は、相手に希望と未来への信念を与えてくれるでしょう。「私といっしょに乗り越えよう！」「孫ができた時のことを、思い浮かべてみようよ」恋人が他の人にあなたのことをよく言っている場合は、より一層、嬉しくなるでしょう。「彼女が今年の秋、あなたに散々助けてもらったと話していたよ」よい言葉は他の人が近くにいる時は、大きな声で言い、毛布の下や、メール、お弁当に添えるメモでは、小さくささやくように伝えます。このテクノロジーの時代に、稀少で価値ある愛の宣言をしたいのであれば、恋人にカードか手紙を書きましょう。彼がいかに素敵か、伝えましょう。あなたが彼女をどんなふうに好きなのかも。どうして彼を好きになったのか。何がきっかけで相手に惹かれたのか。彼女のどこをきれいと思うのか。2人で暮らしてきたよい思い出について。2人で将来、何をしたいと夢みているか。

よい言葉をたくさんもらって嫌な気がする人は滅多にいません。ですが、親や教師、指導者、さらに特に恋人から、もっと温かい言葉をたくさんかけてほしいと心から望む人たちとは、しばしば出くわします。よい言葉をなかなかかけない人は、子ども時代や生育過程でその人自身がよい言葉をあまりかけられず、そういう言葉を口に出したり、受け取ったりする練習もほとんどしてこなかった場合が多いようです。そういう人たちは賞賛や褒め言葉や愛の告白に、うろたえるでしょう。

また褒め過ぎるのはよくないと思い、よい言葉をあまりかけないようにする人たちもいます。子どもや恋人が賞賛や褒め言葉に依存することを恐れて。なぜならよい言葉を多くかけられ過ぎることが、自立心や自我を育む妨げになりうるからです。そういう人たちは、賞賛の言葉が私たちの行動や外見、行動にばかり向けられ、私たちが互いにとってどういう存在かに意識が向かなくなることを恐れます。私はこの思考と理論を理解できますが、信じはしません。なぜなら逆の例をあまりに多く見てきたからです。温かな言葉が足りないと、子どもも大人も大きな欠乏感を覚えます。

他の人を賞賛することで、自分の立場が悪くなる経験をしたことがあるせいで、よい言葉をかけたがらない人もいます。他の人のよい面を強調することで、自分が劣っているような感覚に陥る人もいます。ですが、他者を賞賛することは自分の価値を下げることではありません。むしろその逆で、他者を賞賛することは、その人の懐の深さを示すのです。互いへの賞賛を大いに示すことは、愛の焚き火を長い間、激しく燃やす助けになります。あなたにとって愛を伝える上で言葉こそが、最も重要であっても、行動が伴わなければ、たちまち空虚に思えるでしょう。言葉が心から発せられたわけでなく、共感をともなわない機械的な返事であったのであれば、私たちの心は動かされません。

よい言葉をかけられても、過去の交際で、嘘をつかれた経験があると、心を開くのが難しくなります。そういう人は、響きのよい言葉の裏で、それとは真逆の行動をとられたことがあるのかもしれません。

つき合いはじめの頃は、よい言葉をポジティブに受け止めることができる人が多いです。ですが、次第にこう考える人が増えてきます。「愛しているって気持ちは、彼女にもう伝わっているだろう」「彼を好きだと毎日言う必要はないよね」「大工仕事が上手、って前も褒めたからもう言わなくていいか」あなたもあなたの恋人も、よい言葉を聞きたいとそれほど思っておらず、それらの言葉なしでも幸せに生きられるかもしれません。ですが、あなたの恋人に届いた愛の言葉をあなたは何度でも使うべきです。

だって愛はあなたが毎日作るものだから。愛を表現するのをあなたが止めてしまえば、愛に生命を吹き込むのをやめてしまったのも同然です。

ともに過ごす時間

ともに時間を過ごすことが、愛を伝える上で、最も大切と考える人もいます。そういう人たちは、「いっしょに何かする時、愛されていると感じる」と言います。

いっしょにすることで喜びを感じられることは、色々とあるでしょう。夕飯をいっしょに食べるとか、テレビ・ドラマを2人で並んで見るとかいった日々の行動や、2人で旅行に行くとか、子どももいっしょにテントで眠るといった休み中の行動など多岐に亘ります。いっしょにリフォームをするのが大きな喜びだというカップルもいれば、カップルでリフォームだなんて自殺行為だと言う人たちもいます。恋人が夕飯の後におしゃべりする時間をとってくれると、喜びで胸がいっぱいになると言う人もいれば、自然の中にいっしょに行くことで、恋人気分を味わえると言う人もいます。

「君が僕の釣りについてきて、横で静かに編みものや読書をしてくれるだけで、僕の太陽の木は大きくなる」とある男性は言います。

「セックスの後、ピロー・トークできると、あなたと近くなった感じがする」とある女性は言います。

いっしょに時間を過ごすことが、あなたたちにとってどれほど重要かに拘わらず、いっしょに何をするのが楽しいかを知りましょう。めまぐるしい毎日の中で、ともに過ごす時間を見つけるのはなかなか大変かもしれません。恋人は、明日とか明後日とかまで待ってくれますから、つい後回しにしがちです。そんなふうに考え続けているうちに、恋人との関係は修復不可能になりかねません。
愛の言葉の示し方については、11章の愛の時間でさらに詳しく書きます。

実践的な注意

カップルの1人がノルウェーの防衛軍で働いているカップルの前で講座をしたことがあります。ある兵士の恋人はこう言いました。「彼が遠征に行っている間、私は暖炉の前で横になるたび、彼の愛を感じます。遠征に行く前に、彼は自分がいない間、薪が切れないように、薪小屋から玄関まで薪を運んでおいてくれるからです」すると彼女の強くてタフな恋人は、嬉しそうに彼女を見つめました。彼は長い手紙をしたためたり、ロマンチックな台詞を言ったりするタイプではなさそうでした。彼は自分の愛のメッセージが、彼女の心にちゃんと届いていたのだと知って、感動したようでした。

相手に注意を払うことで、愛を示す人もいます。たとえば恋人が階段につまずいた時に気にかけたり、相手が休んだり仕事したりできるように、子どもを外に連れ出したり。あなたが好きなワインを買ってきてくれたり、確定申告を手伝ってくれたり。洗濯を進んでしてくれたり、ベッド・リネンを替えてくれたり、車を車検に出してくれたり、コーヒーを淹れてくれたり、外出先で重い荷物を持ってくれたり。これらの行動が愛から生まれるものと気づくことで、あなたは愛され、尊ばれているると感じられるようになるでしょう。

これらの愛のメッセージに気づかない人もいれば、気づいていても感謝しない人もいます。やってもらえるのを当たり前と思ってしまっているからです。またはその人の愛の言葉は――恋人が用いるのが得意な言葉と違っているを使うからかもしれません。

ある女性が言いました。「私は継母から、ポジティブな言葉を待ち続けました。あなたのこれこれこういうところが好きだとか、何々が上手ね、とか言ってくれないかんかと。でもいつになってもそういう言葉は聞けませんでした。私は継母に好かれているのか不安になりました。その時、私は愛の言葉はカップルの関係にだけ当てはまるわけではないと気づきました。すると私は継母の愛に気づけたのです。靴下に入れてくれた刺繍、夕飯、じゃがいもが苦手な私のために特別に作ってもらえたご飯、子どもの世話をしている間にいっしょにコテージで寝たこと」

あなたの恋人が、あなたに注意を向けることで愛を示すタイプであるなら、その恋人はあなたを愛しているからこそ、大小の気遣いをしてくれたのでしょう。あなた自身がそういうタイプでなかったとしても、実用的な言葉を用いることで、恋人に歩み寄りましょう。

ある友人が、毎日、煙突掃除や、車のガソリン補給、靴下の山の整理など、旦那さんの望み通り、家事にいそしみました。

家事に潜むセックス・アピールをあなどるなかれ。私たちはジムで筋トレをし、爪にマニキュアをし、身だしなみを整えますが、恋人は実はあなたが窓を拭いているところや、床掃除をしているところ、子どもと遊んでいるところ、ドアのノブを修理しているところを見て、一番セクシーだと思っているのかもしれませんよ。エネルギッシュに動き回る肉体は、恋人の目に魅力的に映るでしょう。

あなたが家事や雑事に協力することで、恋人に2人は1つのチームだというかけがえのない感情を抱かせることができます。別れてしまう人の多くは、自分のために家事や雑事をすることで、パートナーから愛を示してほしかったと言います。

身体の接近

「あなたが私にキスしてくれる時、私を抱きしめてくれる時、道で歩いていて手を繋いでくれる時、いっしょに寝ていたり通り過ぎたりする際になでてくれる時、愛されていると感じます」と言う人もいます。一方で、「いっしょに寝ている時、強く愛を感じます」と言う人も。

愛の言葉には、さりげないタッチから、情熱的なセックスまでが含まれます。さりげないタッチで一番、愛されていると感じ、タッチすることで自らも愛を示すと言う人もいる一方で、セクシャリティそのものを最も重要な愛の源と感じる人もいます。そして多くの人にとって、これらの身体表現はどれも同じぐらい大切です。

親からたくさんハグされたり、ぽんと優しくなでてもらったりして育たなかった人たちには、さりげないタッチが苦手な人が多いようです。ですが、そういう人たちも、重要な愛の言葉として、セックスをすることはできます。そういう人たちは、性的な経験を通して初めて、体と体の接触を求める気持ちを確認するでしょう。なでてもらったり、ハグしてもらったりして育った人たちは、たくさんなでてほしいと望み、自分からもなでます。

このことについて、自分たちはどうか、話し合ってみてください。あなたが愛されていると感じる上で、一番大事なのは何ですか？　なでられること、それともセックス？　またあなたはなでられないと、セックスする気が起きませんか？　それともセックスしないと、なでられたいと思えませんか？　2人のスタンスが違っている場合、どうしたら2人のニーズを一致させられるでしょう？　どちらの方から歩み寄りますか？　セックスする前に、別の愛の言葉が必要な人もいます。

身体の接触と強い欲情が、交際の大きなきっかけとなるカップルも、非常に多くいます。肌と肌の触れ合う感触やセックスは、後になっても残りますし、温かな感情を保ちます。セクシャリティは、大半の人が恋人のために大事に秘めておく、愛の言葉です。優しい言葉や気遣い、時間やプレゼントは、様々な人に与えることができますが、私たちの裸体は、恋人にのみ楽しんでもらうものです。それは、私たちの間で完全に特別な意味を持ちます。なので、身体の接触が不足することで、大きな飢餓感が生まれるのは不思議ありません。

愛の言葉の示し方については、第10章タッチと欲求で詳しく触れます。

プレゼント

プレゼントを一番重要な愛の言葉と考える人を、あまり見たことがありません。ですが、プレゼントしないこと、または不適切なプレゼントすることの弊害については、よく耳にします。プレゼントについては、普段のセラピーであまりとり上げませんので、ここに少し書きますね。

ノルウェーには、プレゼントの長い伝統があり、プレゼントには象徴的な価値があります。そのため、プレゼントに特別、重きを置く人もいます。子どもの時、家を留守にしがちな親が、お土産を持ち帰ってきてくれた記憶のある人は、プレゼントを強い愛の表現とイメージするかもしれません。プレゼントを特別に重視し、クリスマス前、秘密の準備をたくさんして、目一杯素敵な包装をする家族もいます。他方で、もっと冷めた見方をする家族もいます。そういう人たちは、こう言うでしょう。「1月になれば、セールで安くなるものを、なぜわざわざ高いお金を出して、クリスマスに買わなくちゃいけないの?」プレゼントに対する考え方が異なる家庭で育ったカップルは、よく話し合っておかないと、トラブルが生じかねません。

プレゼントについては、ストレスや購買欲ばかりがとり沙汰されがちですが、そこにはたくさんの思いやりと愛が詰まっていることを忘れずに。たとえばクリスマス前に、2人ともランタンがほしくなったとします。一番簡単なのは、各人がお店へ行き、自分で自分のランタンを買うことです。ですが、こんな素晴らしいこともできるのですよ。それはこっそり店に行き、ランタンを買い、包装し、リボンを巻き、メッセージカードを添えることです。そしてプレゼントを交換するのです。そうすればクリスマスの晩まで、ツリーの下のプレゼントの包みを見つめ、中身は何だろうとわくわくしますよね。ランタンを自分で買った場合も、出費は変わりません。ですが、それらを互いにプレゼントとして渡し、受けとる方が、ずっと幸せな気持ちになれるでしょう。

私たちが受けとるのは、プレゼントそのものだけではありません。プレゼントによりもたらされる感情は、お金よりも価値があると、複数の調査で分かっています。経済学教授のジェイソン・ショーグレンとジョン・リストが、プレゼントを受けとった人たちの反応を観察、研究した結果、プレゼントの主観的価値は、プレゼントの本来の価格を21～35パーセント上回ることが分かりました。つまり、「私たちはプレゼントを渡すことで報われる」と経済学者たちが太鼓判を押したのです。私たちはまた自分で買ったものより、もらったものに、より価値を見出します。『「幸せをお金で買う」5つの授業』（エリザベス・ダン、マイケル・ノートン／古川奈々子訳／

KADOKAWA／2014年）の著者、エリザベス・ダンとマイケル・ノートンによると、自分のものを買うより、プレゼントを買う方が、喜びを感じるそうです。私たちは他人のためにプレゼントを買うことで、自分で自分にものを買うのでは得られない何かを得るのです。あなたはプレゼントにリボンを巻き、ちょう結びする時、相手との絆も結びます。

誰だってプレゼントはほしいものです。ですがプレゼントの背景にある感情に思いをはせることで、相手がプレゼントを渡そうとしてくれたこと自体を、より一層嬉しく思えるはずです。あなた方は年々、こう思うようになってはいませんか？「パートナーがどういう人か分からない。彼／彼女のために時間を使いたくない」こんな時、プレゼントは絆を断つ役割を果たします。あなたが毎回、閉店間際のキオスクに滑り込み、プレゼントを適当に選んだり、相手に似合うかどうかもお構いなしで、やみくもに高価なものを買ったりしても、恋人によい印象は与えません。ある男性が恋人にしたイマイチなプレゼントの数々を、私に冗談交じりで見せてくれました。よりよいプレゼントをするために、彼はどうすればよかったのでしょう？

以下に、皆さんが自問自答してみるとよいであろう質問を、書いておきますね。是非、やってみてください。

「このプレゼントを渡すことで私は、恋人がどんな人か、どんな人になりたいのか、理解していると示せているだろうか？」

「恋人が何を必要としていて、どんな嗜好を持つか、把握できている?」

プレゼントによって、あなたのことが好きで、あなたのことを信じている、あなたのために時間を使いたい、ということが伝えられましたか? あなたのパートナーを知る人に、助言を求めてみるのもよいでしょう。

よいプレゼントは、あなたたちをより親密にさせます。しばらくの間、パートナーと離れて暮らさなくてはならない女性が私にこう言いました。「引っ越しの時に彼からプレゼントをもらいました。その時は分からなかったのですが、小さな赤い財布を見るたび、彼のことを何度も思い出すようになりました」あなたのパートナーが重要な愛の言葉としてプレゼントをくれた時、あなたはそのプレゼントを真剣に受け止める必要があります。あなたが渡す側の時も、受け取る側の時も。

あなたはマフラーをもらいました。お母さんが編んでくれたそのマフラーは、一層温かく感じられるでしょう。あなたがアスビョルンセンとモーの民話を孫に読んであげたとします。あなたはお孫さんに、自分が子どもの頃に、クリスマス・プレゼントにおばあちゃんのおじいちゃんからもらった本なんだよ、と話します。こんなふうにお伽話は、家族の絆を強めます。誰かがあなたの手元を指さし、「素敵な腕時計をしてるね」と言います。あなたは「去年のクリスマスに恋人からもらったんだ」と答えます。するとあなたは誇らしく、また嬉しくなり、愛されていると感じるでしょう。それに自分で買いに行った腕時計より、その腕時計の方が価値あるものに感じられるでしょう。

プレゼントをもらう時に手に入れるのは、本やゲーム、宝石、ネクタイ、観劇のチケットだけではありません。相手の心をも受け取るのです！

与える技術、受け取る技術

ある1組のカップルが私のカウンセリング・ルームのソファに座っています。男性の方がこう言いました。「私はもう少し彼女と親密になりたいんです」すると女性の方が言います。「私だってそうよ」

男性の顔に喜びと驚き、両方が浮かびました。彼はあまりにうれしくて、信じられなかったのでしょうか？　ある意味、そうだったのかもしれません。というのも、私が「親密とはどういう状態ですか？」と尋ねた時、2人からばらばらの答えが返ってきたからです。「いっしょに話をし、ともに過ごす時間があること」と女性が答えた一方で、男性は「2人で寝られることです」と言ったのです。

2人とも、親密になりたいと願っているのに、親密だと感じるために必要とすることが、異なっていたのです。そのことに気づいてから、状況はがらりと変わりました。相手が何を与えようとしてくれているのか分かったことで、互いに積極的に会おうとするようになったのです。

カップルごとに進むプロセスは異なります。「彼が私のことをありのままに受け止めてくれるのでなければ、何も変わらない」と多くの人は言います。確かに、私たちはお互いのことをありのままに受け止めるべきです。でもだからといって、私たちが成長できないわけではありません。成長できる伸びしろのあることが、私たちに愛を与えてくれます。私たちはすっかり生まれ変わる必要はありませんが、愛を求めているからこそ、ありのままの自分よりもよい自分になりたいと願うのではないでしょうか。そうして私たちはより一層、成長できるのです。

たとえ自然に湧き出てくるものでなくても、恋人にポジティブな言葉をかけるよう、ほんの少し心がけましょう。あなたの恋人が、あなたを日々、気にかけることで、あなたに愛を示してくれるのであれば、恋人があなたに与えてくれたものに目を向けるようにしましょう。

あなたが身体の触れ合いを求めているのであれば、恋人にセックスへの誘いの言葉よりもむしろ日常的な愛の言葉を伝えるようにしましょう。相手はひょっとしたら、あなたが親密さを感じるのに、セックスと愛を最も重要と考えていると、知らないのかもしれません。恋人はセックスはあなたが受け取るものと捉えている一方、あなたはあなたが与え、また受け取るものと考えているのかもしれません。

恋人は口では「分かった」と言うかもしれませんが、本当はあなたに何を求められているかが分からず遠慮しているのかもしれません。

ある女性が、今一番必要としているのは、日々、気にかけてもらうことだと言っていました。彼女は、自分が家事や育児などで忙しく走り回っているのに、恋人がタブレットをいじってばかりいることに孤独を感じていました。週末もそうでした。たとえばある日曜、恋人の両親が訪ねてくることになった際、部屋を少し片づける必要があることに、恋人が気づかない時も、彼女は孤独を募らせました。一方、彼の方は、土曜の夜、応援しているチームが勝利し、嬉しさのあまり、彼女のことを抱きたいと思いました。そしてベッドに誘おうと、彼女の髪をなで、キスしようとします。でも彼女はキスを避け、背を向けてしまいました。彼はその晩のことを――胸に感じた空虚さを、体から流れ出た喜びを、拒絶されてしまった心の痛みを忘れないでしょう。「片づけを手伝ってほしかったのなら、言ってくれればよかったのに」と彼は言います。「あなたは何も分かってない」と彼女は言うでしょう。「自分で気づいてほしかったの！」

ここに愛についての大きな誤解が隠れているのです。何も言わなくても、相手が察してくれると思うのは大間違いです。なのに、中にはこう言う人もいます。「何を必要としているか一々言わないと分かってもらえないなら、愛されていないってことだ」

ある男性はこう言います。「つき合いはじめの頃、こんなことがあったのをよく覚えています。買い出しから帰ってきて、荷物が重いと思っていると、彼女の手が伸びてきて、私が手に提げていた袋を片方、持ってくれました。私は2人で荷物を運んでいると感じました。後に私が重いものを持っていた時に、彼女に手伝ってほしくて、この時のことを思い出しましたが、口には出しませんでした。私は彼女が私の気持ちに気づいてくれないのであれば、もう以前のようには、私のことを愛してくれてはいないのだろう、と考えました」

このようなことを愛に期待するのは危険です。その誤解は、どこから生まれたのでしょう？初めの頃は、相手に夢中で彼／彼女が何を求めているのか、自然に気づけました。――いや、でも実際のところ、気づけていたのでしょうか？ 私たちの意識がお互いに向いていれば、相手の発する信号をいち早くキャッチすることができるのは当然です。私たちが時がたつにつれて、信号をキャッチできなくなってきたのであれば、アンテナが鈍ってきたせいでしょう。それに初めの頃は、ネガティブなことに目が向かずに、よいところばかり目についたはずです。

アツアツの時は、全て上手くいっていたので、何も言わなくても――相手に自分が何を必要としているか伝えなくても気付いてもらえるのが愛と思ってしまうのでしょう。でも、私はむしろその逆だと思っています。あなたが何を必要としているかをあなたの恋人に告げ、あなたの恋人が、自分で気づいたのではなく、また恋人にとってそれが容易に思いつくことではないのに、それでも選択することが、愛ではないでしょうか。なぜなら愛とは意志だからです。愛とは行為です。愛とは愛について考えることでもあります。

今日、恋人の胸に響いた愛の言葉が、明日も響くとは限りません。恋愛にはまっている女性がこう私に言いました。「彼がいつも素敵な言葉をかけてくれて、嬉しいわ」ところが2、3年もすると、同じ女性の口からこんな言葉が飛び出します。「彼は今でも、愛しているよと言ってくれるけど、それを聞くたび、うんざりするの。口ばかりで行動が伴っていないんだもの。愛していると言わなくても、タイヤ交換してくれたり、芝生を刈ってくれたりする人の方がいいわ！」人間はないものねだりなものです。彼に出会う前は、優しい言葉に飢えていたのに、今は家のことを手伝ってくれる人の方がいいと言うのです。

愛自体に後ろ向きだったり、愛の言葉をあまりかけられてこなかったりしたことで、自分から愛の言葉をかけるのを躊躇（ちゅうちょ）する人もいます。私たちは自分が愛されていると感じられないと、他人に愛を与えたいと思わないものです。無理もありません。それでも、与えるという新しく、よりよい習慣をはじめてみませんか。

恋人が愛を与えてくれているのに、あなたが気づいていないだけではありませんか？　それなら、愛を見つめましょう。受け取りましょう。愛されていると感じましょう！

私たちは愛の言葉を通して、愛の感情を表現します。また私たちが言葉で、また行動で愛を示す時、私たちの愛の感情はむくむくと膨らみ、羽を広げるのです。

まとめ

❋話をしましょう。互いに伝え合いましょう。
あなたにとって一番大事な愛の言葉は、何ですか？

❋あなたが今、パートナーからかけてもらいたい愛の言葉は、どれですか？

❋パートナーからもらって一番嬉しい愛の言葉は？

❋相手があなたに与えてくれていると気づけるようにするのに、どんな練習ができますか？

❋あなたは相手に何を与える練習ができますか？

私たちは3つのコミュニケーションの道から選択をします。
攻撃するか、避けるか、協調するか。
そのうち1つの道だけが、愛に続くメインロードなのです。

第6章 よいコミュニケーションへの道

どちらも耳を傾けたい

あなたは本を読みました、と僕のセラピストが言った。あなたに興味を持ってくれる人がほしければ、よい聞き手になることです、とそこには書かれていた。

ところが弱ったことに、彼女もあなたと同じ本を読んでいた。

だから話を引き出そうとしても、彼女は聞き役に回ろうとするのだった。すると、彼女はあなたに魅力を感じず、あなたは彼女に魅力を感じなくなる。だってどちらも何も言わないのだから。

ハル・シロウィッツ（アメリカの詩人）

3つの選択肢

どんなに交際期間が長いカップルも、コミュニケーションと愛について学ぶことができます。いくつになっても全てを学び尽くすことはないでしょう。ですが、困難な愛の道を、なだらかにすることはできるでしょう。私たちはおおまかに見て、3つのコミュニケーションの道から選択をします――攻撃をするか、避けるか、協調するか。そのうち1つしかメインロードがないからこそ、私たちは愛の炎を絶やさずにいられるのです。

カップル研究者、ジョン・M・ゴットマンは、このような3つの関わり方を、《Moving againt, moving away, moving towards》（攻撃する、避ける、協調する）と表現しました。彼は良好な関係にあるカップルは、会えるチャンスの86パーセントを生かして会うと発見しました。別れてしまうカップルは、この数字が著しく低くなります。ゴットマンの研究によると、会えるチャンスがあっても、そのチャンスを生かして会うのはわずか33パーセントだけだったのです。ですが、攻撃する、避ける、協調するというのは、どういう意味でしょう？

昔々、愛に飢えた王子がいました。王子は、2度の交際で散々な目にあったことで、もう恋愛で失敗したくない、と思うようになりました。そんな王子にアタックする女性の中に、ある3人の姉妹がいました。姉妹は城を目指しました。姉妹の名前はそれぞれアグレッシブ、アウェイ、ミートといいました。

城の公園の門の前に立っていたおじいさんが、姉妹に何か言おうとしていました。「どいてちょうだい！」とアグレッシブは言うと、城へと歩き続けました。次女のアウェイはおじいさんに全く気づかずに、横を通り過ぎました。ところが三女のミートは、立ち止まって、男性の話に耳を傾けました。「わしはあんた方にこの小さな花を渡したかっただけさ」とおじいさんは言うと、ミートの髪に花を挿してくれました。「ありがとう！」とミートは言いました。

牧歌的な公園に、城に続く小道がありました。アグレッシブは真っ先に走り出すと、老婆に呼び止められました。「私は野イチゴを摘みたいんだが、背中がひどく痛くてね。助けてくれないかい?」「このくそばばあ、うるさいな、黙れ。私には大事な用事があるんだよ。王子と結婚しなくちゃならないんだ」とアグレッシブは叫ぶと、走り去りました。間もなく、老婆は同じことをアウェイにも頼みました。「私も腰が悪くて、助けられないの。代わりにリンゴを摘んだらどうです?」とアウェイは言って、立ち去りました。ミートがやってくると、老婆はまた同じことを頼みました。「まあ、おかわいそうに。痛みますか?」とミートは言いました。「もちろんお助けします」ミートは野イチゴをビーズのネックレスみたいに麦の茎2本にいくつも通し、老婆にあげました。すると老婆は助けてくれたお礼に、野イチゴを半分分けてくれました。

城のすぐそばにやって来ると、男の子が走ってきました。男の子はしゃくり上げ、泣いていました。「うるさいわね!」とアグレッシブが怒鳴りました。「あんたみたいなうるさいガキがこの世で一番嫌いなんだよ!」すると男の子はアウェイの方に駆け寄りました。アウェイは公園を駆け回る動物をさっと指さして、言いました。「ほら、あのかわいい小さなウサギをご覧なさい!じきに明るい気分になれるわ」すると男の子はミートの方に泣きながら走り寄りました。ミートは手を広げ、男の子を抱き寄せると、男の子が話せるようになるまで待ちました。「悲しいのね。どうして泣いているの?」2人はちょっぴりおしゃべりした後、いっしょに歩き出しました。

姉妹らがようやく城にたどり着きました。やがて王子が城から出てきて、姉妹らを迎え入れてくれました。「私といっしょになれば、あなたは一番になれます！」とアグレッシブが叫びました。「私たちはこの国で一番麗しいカップルになれるでしょう」とアウェイがほほえみました。すると王子は言いました。「私は一番にも、一番麗しくもなりたくないんだ。私はいっしょに幸せに生きられる人を探した。だから君たちが来る途中、いくつかテストをさせてもらった。門をくぐる時、老人の横を通り過ぎただろう。将来、私が君たちに何かを伝えようとして、どう伝えたらいいか分からない時、その老人と同じ扱いを受けるであろう。いつか私が君たちに助けを求めたら、あの老婆と同じ扱いを受けるだろう。いつか慰めを求めれば、あの泣いていた少年と同じ扱いを受けるだろう。私が結婚したいのは、髪に花を挿し、片手に野イチゴのネックレスを持ち、もう片方の手で小さな男の子の手をつないでいる娘だ」「まあ、嬉しい」とミートは言いました。「でもあなた様と結婚して、本当に幸せになれるかしら」すると王子は言いました。「だったら君の話を聞かせておくれ。君が何を考えているのか、君がどんな人なのか！」するとミートは言いました。「あなた様は今、私に関心を示し、歩みよろうとしてくれましたね。でしたら、私もあなた様のことをもっと知りとうございます」

こうしてミートと王子は結婚し、末永く幸せに暮らしましたとさ、とおとぎ話ではなるでしょう。これが現実なら、両者が逢瀬を重ねて、互いに意見が合わなかったり、避け合ってしまったりしなければ、2人が末永くよい関係でいられる可能性は高いでしょう。このお話で、ミートが、王子も彼女に歩調を合わせようとしてくれるか試したのには感心させられます。一方が相手に合わせるばかりの結婚生活は、めったに上手くいきません。両方が他方の感情や考えを受け止め、相手の求めに応じなくてはなりません。

あなたの恋人があなたに近づいてくる時、あなたたちのあり方は異なっている可能性が高いです。彼があなたを見つめ、彼女が話を切り出し、彼が職場であったことを話し、彼女が涙し、彼が愚痴を言い、彼女が助けを求め、彼が映画を見ようと提案し、彼女があなたに外に出かけようと誘い、彼があなたにスキー旅行にいっしょに行かないかと誘うでしょう。ここで重要なのは、相手があなたに示す合図に気づくことです。

おとぎ話の王子が仕かけた最初の関門で、アウェイは老人に気づきもしませんでした。悪気があったわけではありません。アウェイはただ無我夢中だったのです。あなたの恋人も、気づかないうちにあなたの心のドアをノックしようとしていたことはありませんか？ 彼／彼女は、あなたに届きやすい言葉を使っていないのかもしれませんし、あなたは心ここにあらずだったのかもしれません。私たちは受け入れられていないと感じた時、意識的、または無意識的に、相手に無関心になることで、時に相手を罰します。

恋が始まったばかりの頃は、互いに強い関心を向け、相手の送る信号の意味について、友達に意見を求める人も多いでしょう。

「このメール、どういう意味だと思う?」「彼女とよく目が合うんだけど、どうしてだろう?」

このようにあいまいな状況がいつまでも続くと、私たち両方、また周囲の人たちもほとほと疲れ果ててしまうでしょう。とはいえ、交際期間が長くなっても、ある程度の注意は向け続けた方がよいでしょう。なぜなら話しかけても相手が注意を向けてくれなかったり、髪を切っても気づいてくれなかったり、わざわざソファの隣の席を空けておいたのに、1人で肘かけ椅子にどしんと座ってしまえば、影の木が大きくなっていくからです。ゴットマンの研究によると、別れたカップルを調査すると、男性が妻からの提案の82パーセントをスルーし、女性が男性の言動の50パーセントをスルーしていたことが分かりました。結婚生活が続いているカップルでは、男性が妻からの提案をスルーしたのは19パーセントのみで、女性もわずか15パーセントでした。

恋人に話しかけられたら、注意を向けることも大事です。するとあなたは自分にこう問いかけることができるでしょう。「相手に歩み寄ろうか、避けようか、はたまた攻撃しようか? 自分が今歩み出そうとしているのとは、別の道を選ぶことはできないだろうか? 自分はどんな状況でどんな道を選ぶだろう? 今まで一番よく選んできた道はどれだろう?」あなたは、姉妹のどの子に似たタイプですか? アグレッシブ、ミート、それともアウェイ?

歩み寄るのは難しい

私たちは常に互いに歩み寄るわけではありませんし、歩み寄れるわけでもありません。自分のストレスや考え事、問題でいっぱいいっぱいで、他のことに注意を向けられなかったり、キャパシティオーバーになったりすることもあります。あなたが今、どんな状況なのか、伝えましょう。そうすることで、相手に拒絶されたと感じさせずに済みます。

たとえば、こんなふうに。「このところ疲れてしまって、君が楽しいことを提案してくれても、いっしょに楽しめていないよね。君といたくないわけじゃないんだ。ただ余裕がないだけさ」

他にもたとえば、こう伝えてみてはどうでしょう。「明日、プレゼンがあって、プレッシャーを感じているの。私の頭の中には今色々な考えがたくさん渦巻いていて、忘れてしまいそうで怖いの。あなたのことも子どもたちのことも考える余裕がないし、あなたたちの言葉が頭に入ってこないの。少しの間、そっとしておいてもらえないかな?」

相手に歩み寄るのは、自分のやりたいことを全て諦めることではありません。歩み寄ろうとしても、時間が合わなかったり、暇がなかったりするケースもあるでしょう。そういう時は相手の様子を見ながら、やんわりと断りましょう。

たとえば、「連ドラ鑑賞に誘ってくれて嬉しかったよ。ぜひ見たいんだけど、今日は時間がないんだ。明日提出の書類があって。代わりに明日の夜はどうかな?」

恋人が問題やフラストレーションを抱えていたり、涙を浮かべていたりする時、できる限り手を貸したくなるものです。私たちがポジティブな助言をする時や、気を紛らわそうとする時、その陰にあるのは善意です。ですが、急ぎ過ぎると善意は相手に届きませんし、歩み寄るのでなく、避け合う方向に進みかねません。


「君は過剰にポジティブな人たちを避けられずに困っていますか?」とジョッケ&ヴァレンティーナは歌います。複数の研究から、ポジティブな人たちの寿命は長く、より幸福であることが分かっています。ですが、そもそも過剰にポジティブになど、なれるものなのでしょうか?ポジティブな人たちといっしょにいることの、何が問題なのでしょう?

この歌が出された90年代と変わらず今も、ジョッケの歌詞は人々の胸を打ち続けています。なぜなら、現代の私たちもポジティブに考える必要性に迫られているからです。私たちは過剰にポジティブであることで、危機に身をさらすことになるのか、自問することができるでしょう。世の中は問題や悪感情の入る余地のほとんどない世界に向かっているのでしょうか?

「問題などない、あるのは課題だけだ!」とか、「限界などない、あるのは可能性だけだ」といったマントラをいまだに耳にします。『ポジティブ病の国、アメリカ』(中島由華訳/河出書房新社/2010年)でバーバラ・エーレンライクはポジティブ思考がいかに人々を現実から遠ざけ、社会問題を個人の問題に矮小化させているのかを書いています。またデンマークの社会学者のラスムラ・ヴィーリは『批判は自分に返ってくる』という本の中で、現代の私たちの批判が、ブーメランのように自分に返ってくる様子を描写しています。彼は私たちが批判を外でなく内に向けるようになったと言います。全てが自己責任に変わり、私たちは「私の考え方がもっと正しければ——私がもっと鍛錬できていたら、全て上手くいっていたはずなのに」といったふうに考えてしまうのです。

あなたが病気になったら——希望通りの職に就けなかったら——恋人と会えなくて寂しかったら。過剰なポジティブ思考が、自責の念を植えつけるのです。十分にポジティブでないのは、あなただと。

同僚があなたに不満を持っているとします。そのことについてあなたは恋人と話したいと思いました。ところが彼女はこう答えました。「心配する必要ないわ！　仕事があるだけ幸運よ！」そこで上司に相談したところ、こう言われました。「あなたの言うことは分かるわ。彼のよい面を見るようにしなさい。そうすれば、上手くいくわ！」恋人も上司も、善意からそう言ってくれたのでしょう。あなたにポジティブなことに目を向け、心配事から解放されてほしいと願って。ですが、このような『対話』によって鼓舞され、前進できるのは一部の人だけです。

他の場面でも、同じことは起こりえます。子どもが学校に行きたがらない時、父親はこう言います。「何も心配いらないよ！」夫が重篤な病気の宣告を受け、妻がこう励まします。「ポジティブに考えることが大事よ」悲しみを打ち明けられた友人がこう答えます。「君は望んだものを全て手にしてきたじゃないか」女性が恋人にふられたことを悲しんでいると、友人がこう慰めます。「彼のことはもう忘れて、新しい彼を探しましょう!」

まわりからこういった返答をされると、私たちは真剣に受け止められていないと感じます。そういうことが何度も繰り返されると、私たちは相手を避けるようになり、最終的には困っても助けを求めなくなるでしょう。このような過剰なポジティブ・シンキングは、人間関係を悪化させかねません。苦しくて助けを求めた時に受け止めてもらえないと、ありのままの自分は受け入れられないのだと――自分は満足していて、陽気で、元気な時しか価値がないのだと思ってしまいます。このように私たちは互いに恥と孤独を植えつけ合ってしまうのです。

人生はよい出来事や感情だけで成り立っているわけではありません。誰もが自分は不十分で、疲れ切っていて、恐怖を感じ、ひとりぼっちで、悲しくて、悲哀に満ちていると思っていてもおかしくありません。どんな人にも憂鬱な日は訪れます。また憂鬱な日が頻繁に訪れる時期もあります。どんな時も調和と幸福が、辛い気持ちを覆い隠してくれます。負の感情は隠したつもりでいでも、ちょっとしたことで表に出ます。すると誰が足をかけたのか分からなくなります。なぜなら、隠しているものは姿を見せるとき、形と色が変わり、それが元々何でできていたかを分かりにくくなるからです。

ある男性が恋人を繰り返し裏切ってきました。彼は自分の行動を振り返り、自分の罪と責任を認めました。彼は恋人との関係性をポジティブに捉えようと努力しました。彼は2人の素晴らしい体験全てに感謝し、失望や怒りといった感情の蛇口を、再び閉めました。こうすることで、全て上手くいくよう願いました。彼は責任を全て引き受け、誰と問題が起きても心にしまいました。こうして苦しみをため込んだ末、ついには病気になってしまいました。

自分のものであろうと、他人のものであろうと、痛みや悲しみに耳を傾けるには、寛容さと強さが必要です。私たちは大きな原動力を秘めているものです。これはよいことですが、時々私たちはこの手法を安易に取り過ぎます。もしも私たちに自分の感情にしばし寄り添う余地があれば、その先も前進し続けられるでしょう。

他の人の涙や痛みを受け止めるのは辛いでしょう。それでも私たちは励ましの言葉やよい助言を与えなくては、と感じます。大抵は、ただそこにいて、じっくり耳を傾け、質問をしてあげる方がいいのです。しばらく聞いた後なら、相手に助言がほしいのか尋ねることができますが、最良の助言を見出すのは、傷ついた本人である場合が多いです。あなた自身、あなたの恋人、あなたの仲間に温かく接しましょう。常にポジティブに考えるよう押し付けるのはやめましょう。悲しみや心配事、不満に耳を傾けましょう。感情が受け入れられ、表現できる時、悲しみを抱えた人が尊敬と愛をもって受け入れられる時に、真のポジティブさが生まれるのです。

飢えと眠気と怒り

「私たちが互いに注意を向け、善意をもって接する妨げとなるのは何でしょう？」そう私は尋ねると、講座参加者を見つめました。屈強そうな男性が立ち上がりました。彼が握り拳を机に叩きつけた拍子に、コーヒーカップが倒れると、皆、びくりとしました。「腹が減っている時に話しかけるな！」と男性は怒鳴りました。数秒、皆が静まり返りました。すると彼の笑い声が響き渡りました。部屋にいた他の皆も、ほっとしたように笑い出しました。しかも幸運なことに、あと5分でお昼休みでした。

その空腹の男性は、ある重要なことを示唆しました――コミュニケーション不足やいらだたしい雰囲気は、問題発生のシグナルになりえます。また不機嫌さは、体の異変を伝えるSOSでもあるのです。私はお腹が空いて、怒っている！　私は睡眠不足で、怒っている！　というふうに。

ですが、彼以外の人たちは、責任を引き受けるべきなのでしょうか？　もしも周りの人が私たちの空腹や疲労を察して、放っておいてくれるよう願うのなら、それは期待し過ぎです。私たちは自分の体のSOSに耳を傾ける責任があります。そのために、正しい食事と睡眠を心がけましょう。また私たちは周囲の人たちに、機嫌が悪かったり、いつもより不寛容だったりするのは、彼らのせいでないと断っておく責任もあります。

多くの人たちが人間の基本欲求を満たせていないのに、それでも何でもないふりをして日々を送ろうとしていることが、私には不思議でなりません。小さな子どもを持つ親に何より必要なのは、睡眠なのに、眠気をこらえてまでロマンチックな夜を過ごそうとする人たちがいます。休養や栄養が足りず、頭が働かない中で、職場で難しい問題に対処しようとする人。私たちは子どもたちを送り迎えし、体を鍛え、片づけをし、ネットをします。私たちはしなくてはならないと思うこと、絶対してはならないと思うことをします。じゃあ寝れば万事オーライなのでしょうか？いいえ、寝れば人生の問題が解決するわけでもありません。

私たちは懐かしのアブラハム・マズローの自己実現理論で言うところの、『欲求のピラミッド』の頂点に君臨しつつも、ピラミッドの底辺の基本欲求を満たすのを忘れてしまっています。私たちがくつろぎ、コミュニケーションをとり、仕事をし、成長することで得ようとしていることの多くは、体と脳に必要な食事と休息を与えるよう心がけることで、今よりずっと質を高められるというのに。これを実現するため、テレビを見る時間、家事をする時間、トレーニングする時間、ネットをする時間をちょっとずつ減らしてみてはどうでしょう？

現代では短い睡眠時間で日常生活をこなせるタフさを持つことが、ある種、理想と見なされがちですし、いかに短い睡眠時間でやっていけるか自慢する人の話を聞くことも珍しくありません。6時間かそれ以下しか睡眠を必要としない人はほんの数パーセントのみで、大半の人たちは7～8時間必要ですし、中には10時間以上必要な人もいます。もしもあなたが深夜に寝て、6時に起きても、変わらずはつらつとしていられる数パーセントの人であっても、他の人にそれを自慢したり、同じことを求めたりするのはやめ、心の中で自らの幸運に感謝しましょう。

私たちが睡眠時間を確保すべき理由は数え挙げるときりがありません。眠る時に、体と脳が再構築され、免疫力と記憶が強化され、その日の印象が処理され、食欲が抑制されます。睡眠量と睡眠の質は、気分や生産性に影響します。

睡眠不足により、損害を被るのは、あなただけではありません。カリフォルニア大学バークレー校の研究によると、睡眠不足によりパートナーが、価値を置かれていないと感じやすいこと、またパートナーシップにおいて摩擦が起きる確率が上がることが分かっています。というのも、睡眠不足によって他者の感情が読みとりづらくなるからです。また状況をよりネガティブに捉えやすくなります。睡眠が足りないと、上司からの質問は、命令のように、恋人のため息は、けんか腰の不平のように聞こえるかもしれません。また、子どもが遊んでいるのを見ると、自分の陣地を攻め込まれているように感じるでしょう。

ある経営者から、従業員の家庭生活を充実させるためにしている独自の取り組みについて話を聞いたことがあります。その会社は、退勤時間の直後に、従業員に軽食を支給したのです。それは、従業員にいつもよりもほんの少し満たされたお腹で、保育所へのお迎えや買い物、食事作りに当たってもらうためでした。「家庭生活がうまくいけばいく程、より安定したよい労働者になる」とその経営者は言っていました。

こう考えてみては、どうでしょう。「子どもや恋人の基本欲求が満たされれば満たされる程、私も満たされる」と。職場が家から離れていて、いくらあなたが急いで帰っても、パートナーのお腹が空いてしまうようなら、職場で間食をとるように言いましょう。あなたの恋人が、睡眠を必要としていても、怒らないで。相手に睡眠の時間と機会を与えることもまた、愛なのです。

良質なコミュニケーションのヒント

『コミュニケーション』という言葉は、何かをいっしょにすることを意味します。必ずしも同意したということではありませんが、理解し、理解されたということを表します。コミュニケーションはまた相手を巧みに操る目的で用いられます。私の講座に参加した複数の経営者が、こう言いました。「私は従業員の言葉に耳を傾けますよ」ですが、多くの人がこの戦法を使うわけではありません。なぜなら、多くの経営者は従業員の声を聞くことでなく、口を塞ぐことにしか関心がないからです。それでは強い絆は生まれません。

愛する人とコミュニケーションをとる上で一番大事なのは、相手を尊び、互いに心を通じ合わせたいと本気で願うことです。それに加え、よいコミュニケーションを生む上で、常に助けになる基本ルールもあります。

関心を示す

❋パートナーが話をしている時、そちらを見、耳を傾けましょう。

❋自分の話をはじめるのでなく、質問をして、パートナーの話を掘り下げましょう。

❋パートナーの人生で起きた出来事を覚えているのを示しましょう。会議の結果を聞きましょう。「うまくいきますように!」とメッセージを送りましょう。

❋質問しましょう。次のような質問をしてほしいと思っている人は、意外にたくさんいます。「今日の調子はどう?」「あなたはどう思う?」「あなたの夢は何?」「今日起きた一番面白い/奇妙な/よい/悪い出来事は何?」

積極的に耳を傾け、理解しようとしましょう

私たちがしばしば望むのは、自分の話をただ聞いてもらうだけではなくて、理解を示してもら

うことです。できれば、言われたことをあなたが理解できたということ、またはあなたが理解しようとしていることを示しましょう。そしてあなたが聞きたいトピックがあるなら、それを相手に伝えましょう。

あなた方が難しい話題について話さなくてはならない時は、途中で聞き手と話し手を交代してもよいでしょう。それにより会話が円滑になるでしょう。たとえば、こんなふうに。

話し手「これから半年間、あなたが仕事でしょっちゅう家を空けやしないか不安なの。すれ違いになりそうだし、家のことをどうしたら私1人でこなせるか分からないわ。こんなに不安なのは、あなたが普段、たくさん家事をしてくれている証拠ね」

聞き手「僕がたくさん家を空けることで、君が不安に思っていると知れて、よかったよ。家のことをこなせるか、心配なんだね。僕が普段、よく家事をしていると認めてくれてありがとう」

会話がなかなか進まないと、イライラするかもしれませんが、このような会話を経た後は、互いをよりスムーズに理解できるようになるでしょう。話をする側は、相手が自分の言ったことを聞いてくれていると知ると安心するでしょう。聞き手は、相手が言っていることにより一層、確信を持てるでしょう。このようにして、両者が相手を理解し、また相手に理解されたと感じることができるのです。

話しづらいことから話す

難しいことを話さなくてはならない時、私たちはハリネズミのようになりかねません。針を立て、こんなことを言うかもしれません。「君はとても……」「私が怒っているのは……だから」「それはだって……」ですが、針の下に、さまざまな感情が隠れているのを忘れないでください。あなたがそれらの感情をもとに話をし、それらの責任をとろうとするのなら、あなたの声は相手に届き、相手側が攻撃し返すのでなく、あなたを理解しようとしてくれる可能性が高くなるでしょう。たとえば、こんなふうに。

❋そんなふうにドアを強く閉めると、私はびくっとしてしまうよ。

❋君が午後の間一言もしゃべらないと、私は不安と悲しみと恐怖を感じるんだ。

❋私は心の内に大きな不安を抱えていて、食器棚の扉が開けっ放しになっているのに耐えられないの。

❋私は金曜日のパーティーに行くのが怖いの。知らない人と話すのが苦手だから。

❋私が期待しているのは〜です。

❋私はあなたに愛されていない気がして、不安なの。

❋今日、職場で嫌な思いをしたから、少し怒っているように思えるかもしれないけど〜。

❋私はいっしょに楽しく過ごしたいだけなのに、全く嫌になっちゃう。

私たちが恋人を足で踏みつけるのなら――
時に強く、荒々しく、激しく、時に弱く――
それがたとえ無意識からの行動であっても、
私たちは恋人にすべきこととは逆のことをしているのです。
それは恋人がとるべき振る舞いでは、
まったくありません。
私たちは愛を踏みつけているのです。

第7章 喧嘩と傷ついた心

苦しむことなく、人生を突き進むのは命とりです。
悲しみを避け、喜びだけを求めても、喜びは訪れないでしょう。
いさかいない連帯を求めれば、たちまち連帯を失うことになるでしょう。

ユルゲン・モルトマン（ドイツの神学者）

コミュニケーションの4つの落とし穴

幸福への道があまたある一方で、不幸への道はそう多くありません。それはカップル研究から明らかになってきたことです。ジョン・ゴットマンやハワード・マークマン、スタンリー・スコットらは研究の中で、人間関係の質を落とし、別離のリスク要因となるコミュニケーションのパターンを4つに大別しました。彼らの発見は酷似していました。以下で、誇張、否定的解釈、蔑む、逃げ腰になるという4つのパターンを見ていきます。

これらのコミュニケーションの落とし穴は、大半のカップルに見られるものです、なので、あなたが1つかそれ以上覚えがあっても、どうかショックを受けないでくださいね。それはごく普通のことですから。とはいえ、これらの落とし穴に繰り返しはまるようなら、警告灯を点滅させるべきです。落とし穴にはまったと気づいたなら、どうにかするチャンスです。そのことに何度も気づき、行動を改めれば改める程、落とし穴にはまりにくくなるでしょう。

1つ例を見てみましょう。喧嘩というのは、相手を蔑んだり、ネガティブな解釈をしたりすることで起きがちです。彼女がリビングの椅子に上着を掛けっ放しにしているのに気づいた彼は、言いました。

「僕が廊下に作ったコート掛けを、飾りか何かと思っているのかい?」

彼は、その言葉をこういう気持ちで言ったのでしょう。「僕って偉いだろう。廊下にコート掛けを作ったんだよ」ですが、彼女の耳にはこう聞こえたのです。「君はだらしないな!」彼が彼女を蔑んだのか、彼女がネガティブな解釈をしたのかは、声のトーンや表情が分からないと、なかなか判断できません。彼女は彼を少し責め、自己弁護しました。

「あなたにコート掛けを作ってと頼んでから、もう随分たつわよね。もう、あきらめていたところよ」

彼女の言葉は彼には、こう聞こえました。「この、のろま!」すると彼はこう答えました。「使いもしないのに、なんであそこまでムキになって、作れ作れ言ってたんだよ?」

彼女はさらに自己弁護を続けます。「コート掛けができて、まだ数日でしょ。無意識で使うようになるまでには、日数が必要よ。あなたがコート掛けを作るまでにかかった時間ぐらいは少なくともね!」

それから、こんな会話が続きました。

彼「全部僕1人でやったんだから、時間がかかったのは仕方ないだろう」

彼女「あなたは自分のことしか見えていないから、家のことは全部自分がやっていると思ってしまうんじゃないの」

彼「君だって何も見えていないじゃないか。自分のことで頭が一杯でコート掛けの前を素通りしていたじゃないか」

彼女「あなたはお義父さんそっくりね。全て完璧じゃないと、リラックスできないんでしょ」

落とし穴の1つ『誇張』は、ささいな言葉や事実を、大げさに受け止められてしまうことを指します。誇張に満ちた会話は、蔑みや自己弁護、否定的解釈で満ちています。そのような会話が続くと、最終的に彼は「もうたくさんだ！」と言って出て行ってしまうでしょう。やがて戻ってきても、その日1日、近づきにくい雰囲気をかもしだすでしょう。ようやく『逃げ腰になる』という最後の落とし穴にはまるでしょう。この時、2人は『誇張』という負のスパイラルに陥ってしまいます。

次の文章で、蔑む、否定的解釈をする、逃げ腰になるというのが、どのように起こりうるのかを詳しく見ていきます。私たちがなぜそうするのか、これらのコミュニケーションの対極にあるのは何なのかも見ていきましょう。

次のインガー・ハーゲルップの『エピソード』という詩には、誇張により生じたカップル間のいさかいが描かれています。

同時にこの詩は、ほぼ全ての喧嘩に、後戻りできるポイントがあることを示しています。詩に登場する男性が自らの弱さをさらけ出したことで、女性が男性との間に深い絆を感じることができました。人と人との絆はもろいからこそ、そこには希望があるのです。

「疲れるようなことじゃない。ちっとも」と彼は言った。「ご馳走様」
言葉は丁寧に、また軽く落ちた。
古い凍りついた憎しみが見え隠れしていた。
「どういたしまして！」とだけ彼女は答えた。
それから彼女はダイニング・テーブルの下に椅子を押し込んだ。
固く結んでいた薄い唇は、言葉の陰で妥協できない壁を築いていた。

2人はしばらく警戒し、無言で立ち、
新たな武器を、
言うべき尖った文章を、
最終手段である冷笑的な小さな一撃を探していた。

彼女は言葉が毒を帯びるのを感じた。
刃のように鋭い黄金色の喜びが
彼女を無配慮で野蛮にさせた。
行き場を失った彼の指が、彼女の髪をなでる。

すると彼女の瞳から突然、
力なく、説明のつかない痛みがあふれ出した。
彼女は憎しみと恨みと冷たさの奥底に、
彼と彼女の心の間に、
ぴんと糸が張りつめるのを感じていた。

愛を踏みつける

「もっとちゃんとできないのか！」「あなたがここにいない方がいいのに」「金を稼いでるのは俺だぞ」「もう君もすっかりおばさんだね！」

恋人からそんな言葉をかけられたいという人などいないでしょう。あなたの努力が足りないと言う人は、あなたを蔑み、監視下に置き、鼻をへし折り、あなたが価値ある人間だと思うのを阻みます。そういう人はあなたの趣味の悪さや、欠陥や、能力の足りなさを指摘するでしょう。

それなのに、恋人の間違いを指摘したり、恋人を低く評価したりすることが、必要であるかのように振る舞う人が多過ぎます。そういう人たちは、かかとの尖ったハイヒールとごついブーツを準備して、相手をいつでも踏みつけようと待ち構え、このようなやり方を延々と続ける人もいます。ところが、私たちの多くはたとえばこう言うのです。「あなたは全然、他人の話を聞かない」「ちっとも片づけができない」「どうしてそんなに金銭感覚が狂っているの?」「あなたのお母さんそっくりね!」そのような言い方をするのは、相手もその母親も耳を貸す価値のない人間であると宣伝するようなものです。

このような話し方は、無意識でついしてしまうもので、自分の癖に気付くのは難しいでしょう。「あなたはいつも遅れてくる」「私が言ったことを覚えていたことは、1度もないじゃない!」『いつも』とか『1度も』とかいったネガティブな決めつけや一般化する言葉には気をつけた方がよいでしょう。そういう言い方をする時、私たちは相手に烙印を押しているのです。

私たちはまたこのような穏やかで、皮肉っぽく、自分たちが何をしているのか、完全には見えない隠れた方法でも、相手を傷つけてしまいます。「素敵なワンピースだね。昔の君だったら、似合ったろうに」「僕が運転するのが一番さ」「集中力っていうのは、君には無縁な言葉だな」「ああ、君の食事はおいしいよ。だが健康的ではない」

私たちは言葉でなく行動で、相手をひどく蔑むこともあります。私自身、愚かなことに、夫がせっかく並べた食器やナプキンを、自分の思い通りに並べ直してしまったことがありました。そして次にお客さんが来た時、夫が前回ほど、準備に熱意を示さなかった理由に気づけなかったのです。夫は夫で、私の持ちものを勝手に捨てたことがありました。ゴミ箱をあさっていた時、私は夫から蔑まれたと感じました。

相手の価値を下げたり、傷つけたりする道具は、言葉だけではありません。声のトーンやボディランゲージ、その場の空気も同じ効果を持ちます。あきれたように笑ったり、驚いた目で見たり、背を向けたり、小さくため息をついたりすることでも、嫌悪感を大いに表現できるのです。

私たちはまた自分自身を、さらには自分と他者との関係性をも蔑むことがあります。他人と比べたり、自らを踏みにじったりすることも。ちょうどカール・オーヴェ・クナウスゴール『わが闘争2　恋する作家』の次のシーンのように。

リンダは怒りで瞳孔が開き、いつもこうなるんだからとヒステリックにわめきちらす。こんな家族って他にいるかしら、みんなでなにか食べようといえば楽しいひとときになるはず、なのに私たちったらこの忌々しい橋の上を風にあおられびゅんびゅん走る車の横を排気ガスを吸いながら歩いているなんて。こんなありさまの子連れ家族を他に見たことがあるかしら？

相手を蔑むコミュニケーションは、パートナーシップにダメージを与えます。魂を傷つけられると、体がストレス反応を示し、脈が上がります。このような形のコミュニケーションは、パートナーシップにしばしば距離を生みます。これは愛を壊滅させる効果を持ちます。個人批判と嫌悪に満ちたコミュニケーションをとるパートナーシップは、他のパートナーシップよりもヒビが入るリスクが高いです。

あなたを蔑む行動をとる人と生きることで、あなたは自意識を傷つけられ、自信を奪われかねません。あなたは心を開く相手からすることなすことを批判されることで、浴びせられる言葉を真に受けてしまいかねません。「ひょっとしたら私のせいだろうか？　私がもっと優秀だったら、頭がよかったら、親切だったら、容姿がよければ、強かったら、今頃もっと幸せだったかもしれないのに」と。

恋人に、他者を蔑むコミュニケーションがあなたに――またパートナーシップにどんな影響を及ぼすか説明してみましょう。相手を蔑んでしまう原因が、心に傷を負っていることにある場合も多いです。あなたの恋人に、非難することで自分を守ろうとするはやめて、自分の感情を言葉にするように言いましょう。パートナーは、それを真摯に受け止め、変わろうとするべきです。

どんな人も皆、時に相手を踏みつけてしまいます。ですから、そういう時は謝ったり、軌道修正したりすることが大事です。大半の人は誰かの足を踏んだら、すぐに謝るものです。ですが心を踏みつけてしまった場合には、残念ながらそれとは真逆の戦略をとり、相手を蔑んでしまったことを、こんなふうに弁解する人が多いでしょう。「それぐらいで目くじら立てるなよ！」「ただの冗談だろう」「俺はそういう人間なんだ」「正直であるのが一番よ」または英国の子どもについてのルールを持ち出すかもしれません。「枝と石は私の骨を折ることもあるけれど、言葉は決して私を傷つけない！」これは誰かが傷ついたら、傷ついたその人の責任だということですが、私はこの考えに大反対です。あなたがあなたの恋人を蔑むような言葉を投げかけ、開いてくれた心に傷をつける。その人の心はあなたの心と繋がっている。もちろん傷は痛むものです。痛みから身を守るため、冷たい水を浴びせられた時のムール貝のように貝がらを閉じるのも1つの戦略です。優しい言葉も行動も入り込む余地がないほど、自分の殻に閉じこもります。このように悪意に満ちた言葉や相手を蔑むような行動は、愛の毒になるのです。

セラピーに来た人たちに「恋人に何を望みますか？」と尋ねると、「褒められたい」「愛されたい」「世話してもらいたい」「安心させてほしい」という答えが返ってきます。私たちが恋人を足蹴にして、よく考えもせずに、時に手荒に、時に軽く蹴るのであれば、私たちは恋人にするべき真逆の行動をとってしまっているのです。私たちは、愛を踏みつけてしまっています。

ネガティブに捉える

彼女がこう言います。「どっちのワンピースがいいかしら？　青？　それとも赤？」
彼／夫：「赤いのにしなよ。素敵だよ！」
彼女／妻：「でも前のパーティーでもこの青いのを着てたのに、どうして似合わないって教えてくれなかったの!?」
彼／夫：「君は青も似合うよ。ただ今夜は赤の方がいいんじゃないかって言っているだけだろ」
彼女／妻：「誤魔化さないで。本当はそう思ってなかったくせに」

聞いたことをネガティブに捉える癖がついてしまっている人を、褒めたり、アドバイスしたりするのは容易ではありません。「今日の君はきれいだね！」と言われれば、「じゃあ、昨日はきれいじゃなかったってこと？」と聞き返されてしまうのですから。

ポジティブな情報を相手に伝えようとしたのに、ネガティブな解釈をされてしまうと、じゃあもうポジティブなことに気付いても、言わないでおこうと思ってしまいます。ネガティブなことばかりに目を奪われると、人生観もネガティブに変わってしまうのです。これでは土壺にはまりかねません。ネガティブに捉えられる方も、大変ですが、世の中をネガティブな目線で見る人も、苦労が多いことでしょう。

私たちの目には見たいと自分が期待するものが映るものです。私たちの耳には、聞きたいと思うことが聞こえるものです。私たちがネガティブに解釈してしまうのは、私たちがネガティブなことを期待しているからである場合が多いようです。あなたが自分のことを素敵と思わないのなら、他の人があなたを素敵と思っていると信じにくくなるからです。あなた自身が、自分はよいことをしてもらう価値がないと思うなら、他の人があなたに何か与えようとしてくれても、なかなか素直に受け止められないでしょう。

物事をネガティブに捉える傾向があなたにあるのなら、どうしてそうしてしまうのか理由を探ってみましょう。あなたの思考がネガティブな方向に進みはじめたのはいつですか？　それが分かれば、パターンを変えられるかもしれませんよ。さらに相手の善意に積極的に気付こうとできるでしょう。彼/彼女が言ったり、したりしたことが、よい意味だったということはありえませんか？

ネガティブに捉えがちなのが、あなたの恋人なら、彼/彼女に意識や考え方を変えるようただ言うのではなく、あなたと相手のことを互いに助け合うチームと見なしましょう。

ある女性は夫がセミナーや出張などに行くことになるたび、激怒しました。夫が戻ってくると、どうだったかしつこく聞き、「楽しかった」と夫が答えようものなら、悲しんで、自分といるより他の人たちといる方が楽しいのだ、と捉えました。そんなに面白くなかったと夫が言うと、今度は嘘をついているのではないかと責めるのです。このような猜疑心は、両者の心を蝕みました。よく話を聞くと、彼女が過去、パートナーから浮気されていたことが判明しました。彼女はすっかり水に流したつもりでいたのですが、過去の体験はいまだに彼女を苦しめていたのです。セミナーや出張がある時に怒ったのは、過去のパートナーが浮気したのが職場だったからです。このことを意識するようになってから、2人は互いのことをより理解できるようになりました。そしてこのことがよりよい関係を作る礎となったのです。

私たちの脳は、同じ過ちを繰り返さないよう、過去のネガティブな体験を思い出すようにできています。そのため、私たちは皆、ある程度は、ネガティブ寄りに物事を解釈しやすいのです。家にお客さんが来て、皆が食事を褒めてくれる中、1人だけ褒めてくれない人がいると、けなされたと捉えがちです。むしろ実際は逆のはずなのに。職場で7人があなたを褒めてくれて、1人に怒られた場合、家に帰ってから後者を思い出しがちです。ポジティブでいるためには、努力が必要です。

先述の女性が物事をネガティブに捉えてしまっていたのは、嫉妬や不安を覚えても無理もない特別な状況ゆえでした。普段の彼女は物事をネガティブに捉えることはめったにありませんでした。ですが中にはほぼいつも、物事をネガティブに捉えてしまう人もいます。特に自己肯定感が低く、子どもの時にまわりの人からネガティブな言葉ばかり聞かされてきた場合は、そうなりがちです。私たちは練習したことに長けるものなのですから。

楽しい時間を過ごそうとして、文句を言われたり、ネガティブな解釈をされたりしてしまうと、空気が重たくなります。「あの人たちは本当は来たくなかったのに仕方なしに来たのでしょう」「あのお土産、きっと安売りで買ったのよ」「あの人がいつも少し遅れてくるのは、私といるのが退屈だからだわ」この時、心にある思いはこうです。「私には価値がない。私にはよいことなんて起きっこない」物事をネガティブに捉える時、私たちは楽しい時間や、私たち自身と相手の喜び、活力をも失いかねません。

自信と自尊心

自信と自尊心には違いがあります。自信というのは、自分が何かなしとげ、困難に打ち勝てると信じることです。自尊心というのは業績やお金や容姿など外的な要素は関係なく、自分自身に価値があると感じることです。パフォーマンス能力を持つ人は多くいますが、そういう人でも自分の価値を低く感じているケースは多いものです。一方で、一部の分野についてはあまり自信がないのに、十分に自尊心を保てている人もいます。私たちの頭の中は、人によって千差万別であり、自尊心は私たちの体験や、他者との関わり方にもまた左右されます。あなたの恋人の自尊心が低いのであれば、心がけ次第で、あなたは恋人の自尊心を高める役に立てるはずです。たとえば、彼女／彼がネガティブに解釈してしまっている時には、心地よく、建設的な方法で、それを指摘し、むしろポジティブに捉えられるのだと教えてあげましょう。

綱引き

逃げ腰か問題にま正面から向き合うか

アストリッド・リンドグレーンの物語に出てくるエーミルがお父さんに怒られて、大工小屋に逃げ込んで隠れるエピソードは特に有名ですよね。彼の将来については、市長になると言われていますが、それ以外のことは、あまり知られていません。ひょっとしたら恋人ができて、結婚するのかもしれません。そしてエーミルの妻が、時々こう言うとします。「エーミル、ちょっと話があるの」とか「エーミル、いつも会議ばかりで、家族との時間をちっともとってないじゃないの」とか。そんなときエーミルは逃げてしまいます。するとエーミルは「目を通しておかなくてはならない書類があるんだ」とか、「仕事で忙しいんだ」と答えて逃げるでしょう。なぜなら彼は子どもの頃に、何か争いが巻き起ころうとしている時には、状況が落ち着くまで安全なところに待避していた方がいいと学んだからです。

心理療法の世界では、エーミルは『人嫌い』とか、『内向的』とか呼ばれるのかもしれません。人を避けがちな性格は、子ども時代の愛着関係や、パートナーとの体験を通して培われたものかもしれません。遺伝的な要因によって人を避けてしまうようになることもありますが、大抵の場合はいくつかの要因が重なり合っています。このような性質を持つのは、男性ばかりと思われがちですが、女性にもそういう人は多くいます。

相手を避けてしまうのは、パートナーシップに明らかなる危険信号を点滅させます。互いを避ければ避けるほど、関係が悪くなり、別れるリスクは高まります。問題は長期間、放置していると、塔のように山積みになり、こんがらがって手がつけられなくなりかねないことです。そうなってしまうと、問題を解き明かすのが困難になります。

私はセラピーでエーミルのような人と多く会ってきましたが、その恋人たちにそのことを気づかせるまでには、長い道のりが待っていました。別れを持ち出さない限り、その人は真剣にとりあおうとしないでしょう。その人は基本的に、やっかいなことについて話したがらないのですから。それは彼がやっかいなことは黙殺するか、逃げて他の人に舵を預けるのが賢明だと思っているからです。彼は困難や苦しみの感情を内に秘め、自分の問題を他人に負わせているのです。「自分たちがやっかいなことについて話したら、さらに事態は悪化するだけだ」とその人は考えます。この戦略は子ども時代に培ってきたものです。ですがこの方法は恋人には逆効果でした。問題は収束しなかったのです。

彼から話をそらされたり、携帯電話の世界に逃げ込まれたり、話をやめるよう言われたりすると、彼女は不安と恐怖を感じるでしょう。彼が自分のためにそこにいるのだと彼女が思うには、彼女が不安な時や、心地よくないことについて話したい時に、彼が彼女と向き合ってくれる必要があるのです。彼が逃げようとすればするほど、彼女は不安になるでしょう。

一方が、自分の愛着のスタイルを変えようとしないことで、もう一方はさらに傷つきやすくなります。問題について積極的に話そうとする人は心の重荷を取り払う必要がありますし、承認されたいと願っているのです。危険信号を点滅させる要因は逃げ腰であること自体だけでなく、2人の力関係もです。自分のスタイルを変えようとしない人は、つき合いづらいです。そういう人を落ちつけ、安心させるのは困難でしょう。次のカール・オーヴェ・クナウスゴールの『わが闘争2　恋する作家』の引用から、問題について積極的に話そうとする人と避けようとする人の間でよく見られるパターンが読みとれます。

僕はますます自分を閉ざし、僕が閉ざせば閉ざすほど、彼女はますます攻撃的になる。そして、彼女がますます攻撃的になれば、僕は彼女の気分の曲線にますます注意を払うようになる。

一方が逃げ腰になることで、問題について話そうとしていたもう一方が、強い感情を露にすることがあります。その人は泣いたり叫んだりするでしょう。するとエーミルは、逃避することでしょう。大工小屋ではなくネットの世界かスキー場に。やっかいなことが自分の身に降りかかってくると、彼は不快を感じます。そして以前の100倍、機嫌が悪くなるでしょう。暴力的なまでに爆発する感情は、危険が迫ってきているという強い警告になります。脈拍と血圧の両方が上がり、彼は安全を確保したいという強い衝動を感じることでしょう。

彼は、彼女と同じくらい動揺しているかもしれませんが、外にはそれを出しません。無表情な彼に彼女は憤るでしょう。クナウスゴールはこのことを、『わが闘争2　恋する作家』の中で、見事に表現しています。

> フラストレーションの堰（せき）はもはや決壊し、金切り声や悲鳴が飛び交う、まったく悲惨極まりない状況になるのだった。

小児研究は、相手に無表情で応じられることがどれほど苦しいことかを、明確に示しています。心理学者のエドワード・トロニックにより70年代に行われた無表情実験で、何回も同じ結果が出たことは有名です。この実験の初めに両親が子どもにできる限り表情豊かに接した後、突然2分間、無表情になります。すると子どもたちは両親とどうにか接触を図ろうとした後で、ついに困惑の余り泣き出してしまいます。

これと同じで、私たちは大人になって誰かと交際した時、恋人が無表情になると、拒絶されたように感じてしまいます。

このコミュニケーションがパターン化してしまうと、立場が固定化し、両者に距離ができてしまう危険性があります。彼は彼女のことを喧嘩早くて理解できないと思うなら、彼女をそうさせているのが自分の行動パターンのせいでもあると知るべきです。そして彼女は自分の強硬さや前のめりさが、彼をさらに遠ざけていることに気づく必要があります。一部の人は自分自身とお互いを理解し、変化を起こすため、外部からの助けを必要とするかもしれません。お互いが歩み寄ろうとそれぞれに努力する意志があるなら、よりよい関係を築ける余地は大いにあるでしょう。

恋人講座の参加者の1人が、講座の終了時に言いました。「僕は恋人といっしょに苦楽をともにできてうれしいです」講座であえて苦しさに向き合ったことで、恋人との距離がぐっと近づく経験をしました。あなた方の理想が合致していようといなかろうと関係なく、理解し、上手くいかない戦略は改め、互いに寛容になりましょう。するとあなた方は、愛が私たちをよりよく、より大きく変えてくれると気づくことでしょう。

どうつき合うか

問題を避ける傾向があるか、まっすぐに向き合う傾向があるか

愛着研究によって、全カップルのうちおよそ60パーセントの愛着関係が安定しており、40パーセントが不安定であることが分かっています。関係性が不安定な人たちは、つき合っていて問題が生じると、問題に真正面から向き合おうとするか、極度に問題を避けるかのどちらかに陥りがちですし、矛盾したパターンも見られます。

安定しているか、不安定かは主観に左右されますし、ある状況では安定していて、別の状況では不安定になることもあるでしょう。ただいずれにしろ、私たちの大半は、自分たちの間に問題が生じた時に、問題に真正面から向き合おうとするか、極度に問題を避けるかのどちらかの行動をとりがちです。親との愛着関係が安定している人も、恋人との交際では、問題に向き合おうとし過ぎるか、避けるかのどちらかに偏りがちです。

関係が安定しているカップルにも、これは当てはまります。ただし彼らには彼らなりのつき合い方があるのです。また彼らのスタイルは、立場が変われば、その都度、変わりえます。

片方が問題を避けがちで、もう片方が問題と真正面から向き合いがちというのが全てのカップルにあてはまるわけではないでしょうが、自分たちカップルが問題を避けがちか、真正面から向き合いがちか考えることは決して無駄ではないはずですよ。自分たちの傾向をつかむことで、得

られることはたくさんあるはずです。

あなたは問題を避けがちですか、それとも問題と真正面から向き合いがちですか？

❋彼／彼女が泣いたり、叫んだりしているのは、あなたとつき合い続けたいからだと理解しましょう。

❋普段と逆の行動をとってみましょう。問題から逃げずに、向き合いましょう。

❋恋人を抱きしめ、体を温めてあげましょう。するとあなたの恋人は愛されていると感じ、安心するでしょう。

❋自分がなぜ問題を避けようとしてしまうのか、具体的な言葉にして説明しましょう。たとえばこんなふうに言うのです。「僕は冷たく見えるだろうね。自分でもよく分かっているんだ。自分が心の扉に鍵を閉めてしまっていると。君が怒ると僕は我を忘れ、考えることができなくなるんだ」

❋休憩を取りましょう。休憩を挟む必要性を感じたら、たとえば次のように言うとよいでしょう。「1時間、休ませて。その後、話の続きをするって約束するから」戻った時に、次のような誘惑に流されないようにしましょう。「よかった。彼の気持ちは落ち着いたようだ。今はそっとしておこう」そのような考え方がなぜだめかというと、もつれた糸をほどくべき時は今だからです。信頼を築くことで、あなたたちはより対等に接することができるようになるのです。

✻喧嘩している時以外は、感情を見せるようにしましょう。またパートナーからの提案を待ってばかりでなく、あなたから提案をするようにしましょう。

あなたが問題と真正面から向き合うタイプで、パートナーが問題から逃げるタイプの場合

✻相手が逃げているのは悪意があるからではないと理解しましょう。それは彼／彼女のパターンなのです。彼／彼女はあなたのために、最善を尽くしているつもりなのです。

✻何かを指摘する時には、非難しないようにしましょう。状況を具体的な言葉で表現しましょう。心を落ち着けるようにしましょう。あなたが叫んだり、怒鳴ったり、なじったりすればするほど、彼／彼女は及び腰になります。たとえばこんなふうに。「あなたに話があるの。でもあなたはガレージの片づけをしに行きたいのね。でも私はあなたにどうでもいいと思われているように感じてしまうわ。あなたが私の話に耳を傾けようとしてくれるかどうかは、私にとってとても大事なことなの」

✻彼／彼女が少し時間をおいてから話し合おうと言ってきた場合、気乗りしなくても、応じるようにしましょう。彼／彼女が率先して話し合おうとしてくれたら、こう言いましょう。「大変だったわよね。あなたが戻ってきて、率先して話し合いの続きをしようとしてくれて嬉しいわ」彼／彼女は穏やかな話し合いの場を必要としています。

どちらも、難しい問題から逃げがちな場合

あなたたちの問題対処法は似ているのかもしれません。ですが、2人とも争いを嫌うと、何を考えているか互いに言い合わなくなりますよね。それもまた問題です。誰も問題に対処する責任をとろうとしないと、問題がどんどん大きくなっていきます。お互いに沈黙してしまうと、退屈になって、心が離れていく危険があります。

❋感情を表現する練習をしましょう。

❋互いに何を感じ、何を考えているか、言葉にして伝える練習をしましょう。

どちらも問題と真正面から向き合うタイプの場合

あなたたちは非常に情熱的で、エネルギッシュなタイプなのかもしれませんが、対立したり、エスカレートしてしまったりする危険性をもはらんでいます。また両方がずけずけとものを言い過ぎて、互いの逃げ道を塞ぐ傾向もあることでしょう。関係性が不安定な時は特に。

❋かっとなり過ぎた時は、時間をおいて頭を冷やしましょう。熱くなり過ぎると、修復できない深い傷を相手に与えかねません。

✵相手を責めることなく、あなたが心の奥で感じていることを言葉にしましょう。

できるだけ足音を忍ばせて

誰にでも、心の余裕がない時があります。学校や仕事で大変な課題をこなさなくてはならないまっ最中の時などは。また病院の検査の結果を待っていて、少しナーバスな時もあるでしょう。子どもが全員病気になり、寝不足に陥っている時も。ともに生きることで、互いへの理解が増します。するとどういう時にもう少し慎重に扱うよう相手に求めていいか、お互いに分かってくるでしょう。

ところが中には、常に緊急事態で、慎重に扱ってと言うのに適した時など全くなく、することなすこと、ネガティブに受け取る人もいるでしょう。そういう場合は、私が『一時的忍び歩き』と呼ぶ状態に移行すると楽になるでしょう。私たちはできるだけ足音を忍ばせるのです……パートナーを怒らせないよう、互いの心を踏みにじられないよう、また、調和を乱さないように。

あなたたちが常日頃からそのように忍び歩きしなくてはならないようなパートナーシップを送っていなければよいのですが。どんなカップルにも、互いに対し、また互いのおかれた状況に対し、普段より配慮が必要な時期は訪れるものです。ですがこれが常態化しかけているなら、注意が必要です。

パートナーシップでそういうことはなくても、身近な人たちの前で足音を忍ばせなくてはならないことがあるかもしれません。それは親戚だったり、友人だったり、職場の人たちだったりするでしょう。そういう人たちがあなたとパートナーの共通の知人の場合、メカニズムを意識し、そのことについて話をし、自分たちにそれがどう影響するか話し合うことが重要です。足音を忍ばせなくてはならない原因となっている人によって、あなたたちの関係にまでヒビが入らないようにしましょう。

私たちは自分たちや他の人を踏みつける人の前で、足音を忍ばせることもできます。私たちは不安になり、彼らから罵倒されたり、怒りを向けられたりするのを恐れます。私たちは悪い方に解釈してばかりいる人に気づかれないよう足音を忍ばせます。彼らを怒らせたくない余り、意味もなく相手を満足させようと必死になります。怒りは、ちょっとしたことで生まれるものです。何でもネガティブに受け取る人は自分と相容れない行動や意見を、自分への攻撃と受け取りがちです。あなたが棚に靴を置くのを忘れようものなら、単に片づけが苦手なんだな、と思うのではなく、自分への敬意が足りないと受け取るのです。

誰もが、誰かを蔑んだり、物事をネガティブに解釈してしまったりする時があります。ですが、中にはまわりの人に恐怖を与えるほど、度を超してしまう人もいます。たとえばあなたの意見を嘲笑する同僚や、あなたが自分のことに時間を少し使っただけで、裏切られたと言い出す恋人とか。孫の服が自分の期待通りでなかったといって、大げさに嘆く祖母。あなたの家が完全に片づいていないと、自分たちは歓迎されていないと感じる姉妹。自分が乗るのと違うメーカーの車をあなたが褒めただけで、へそを曲げる父親。細かいことで一々目くじらを立て、あなたのよい面さえも問題であるかのように言う同僚。「そんなに準備万端でどうしたんだい」「今日は優しいね。一体どういう風の吹き回しだい？」などと言って。

『わが闘争』シリーズの3巻で、カール・オーヴェ・クナウスゴールは、父親を恐れて足音を忍ばせる子どもの心理を見事に描いています。父親が家から出て行った時のことを彼はこう書いています。

私にとって重要だったのは、父が家にいないことだった。ところが父がいなくなって、私が人生で初めて、やりたいことができることになっても、彼は奇妙な方法でそこに居座り続けた。そして私が玄関にうっかり土を入れてしまった時や、食事を少しこぼしてしまった時、かぶりついた洋なしの汁が顎に垂れてしまった時、父が雷を落とすところが、条件反射的に頭に浮かぶのだった。《お前は洋なし1つ、きれいに食べられないのか》という父の声がする。

私たちはお互いのことをよく知れば知るほど、お互い何に気をつけたらいいか分かります。私たちはこの相手の前で何を言ってはならないか、何を絶対にしてはならないのか、知るようになります。相手がささいなことを気にするタイプなら、つい同調ばかりしてしまいがちです。または話し合いをあきらめて、文句を言ったり、わめき声を上げたりして、関係がますます悪化しかねません。またはむすっと押し黙ることで、壁を作るでしょう。

怒られたり、攻撃されたりするのは辛いことなので、私たちは何としてもそれを免れようとします。何を恐れるかで私たちの行動は変わるものです。恐怖は私たちを支配します。私たちは喧嘩になったり、文句を言われたりするのを避けるため、いつしか足音を忍ばせるようになります。私は先ほど、相手に気を遣う重要性について書きました。それに互いを押さえつけるのではなくて、互いの価値を高めることについても。慎重に歩くことは、忍び歩きすることとは違います。注意深く歩くことは、こそこそするのとは違います。私たちは、物事をあまりに重く受け止め、無為に気を遣う余り、忍び歩きをするのです。私たちは自分の口を塞いでしまっています。

私たちの目にそのように映る人たちの反応は、大抵よくはありません。逆説的なことに、私たちが足音を忍ばせれば忍ばせるほど、まわりの人に不快を感じさせてしまいます。なかなかなじめない人がいると、私たちはその人を避けはじめます。拒絶されるより傷は小さくて済むからです。心の中がマグマみたいにふつふつとしている人は、他の人が自分に合わせてくれても、機嫌を直すことはめったにありません。ですがまわりの人たちの気分は、間違いなくそれで悪くなります。
そのため家庭内での責任分担を決めることが大事です。他の人が不満を持っていたり、パートナーからなじられたり、怒られたりした時に、責任を背負い込みがちです。「慎重さが足りなかったのは、準備が足りなかったのは、十分親切じゃなかったのは、十分上手じゃなかったのは私だ」「私が〜していさえすれば、全て上手くいったのに」というふうに。責め立てられたり、怒られたりしてしまうと、他の人に原因があっても、つい自分のせいと考えがちです。ですが、私たちがこそこそ、びくびくしていると、厄介な人たちにさらに食いものにされてしまいますよ。そういう人たちは、まわりの人たちが自分に合わせてくれたり、過度に配慮してくれたりすることに慣れてしまっています。それでは、いつまでたってもその人たちの寛容さは養われませんし、まわりの人を責めていい、と思ってしまうことでしょう。

あなたの身近には恐らく長らく、そういう人がいたのかもしれません。そして、あなたとまわりの人たちは、その人が厄介だということに気づいていても、無意識かつ暗黙のうちに、うまく逃げおおせるようになってしまっているのかもしれません。それを見たあなたの恋人は、そのパターンを指摘したり、あなたの姑や義理のきょうだいや友人や職場の同僚が、あなたやあなたたちを支配してやいないか心配したりしはじめるでしょう。そのような心配を聞き流してしまうと、終いには、あなたとパートナーとの関係にも歪みが生じかねません。恋人に何か気づいたことはないか、何を考えているのか聞いてみましょう。あなたの恋人の言うこと全てが正しいわけではありませんが、あなたが耳を貸そうとしなかったり、そのことについて話そうとしたりしなければ、改善のチャンスを逸してしまうと同時に、あなたとあなたの恋人との間に距離ができかねません。

びくびくするのはやめましょう！　あなたの価値を貶める人や、あなたをネガティブに評価する人には、はっきりノーと言いましょう。非難の言葉ばかり浴びせてくる人は、奇妙にも、自分たちの言葉が相手に届いていないと思っています。できるだけ落ち着いて声のトーンも言葉選びもよく気をつけ、何が起きたのかを具体的に伝えるよう心がけましょう。たとえば、こんなふうに。「お義母さんがトイレに閉じこもって、自分は嫌われているんだって泣いている声が聞こえましたよ。私たち夫婦はお義母さんのことが好きなんですよ。ご自分が嫌われていると思うのは、うちの子どもがあなたの好みに合わない服を着ているからですよね？　でも親は私たちであって、お義母さんではないんです。親には、子どもたちに似合うと思う服を着せる権利があります。私たちは、心を痛めています。私たちだけで楽しい時間を過ごしたいので、少し席を外してもらえますか？」　または、こう言いましょう。「お父さんが彼のことを悪く言うのを聞くたび、悲しくなるわ。よその土地に嫁いだ私をひどいとか、自己中心的だとか言ったり、彼が何か言うたび、大きなため息をついたりすることにも。私が遠くの町に引っ越したことを、お父さんが悲しんでいるのは分かるわ。だったら、素直に会いたいと言ったり、何を望んでいるか話してくれたりした方がずっといいわ。お願いだから、彼に感じよく接してちょうだい」

残念ながら、あなたの言葉が相手の心に常に響くとは限りません。口汚い言葉で応戦されることもありえます。でも話をすることは、あなたの助けになります。大きな声では言うのがためらわれるなら、まずは頭の中で言ってみましょう。相手に直接言うのであろうと、頭の中で言うのであろうと、あなたの状況が変わるきっかけになるかもしれません。

そのような行動をとる人たちを、寛容に受け入れるのが正しいのでしょうか？　それは彼らが困った行動をとるのが時々なのか、いっしょにいる時間の大半なのかによります。相手が落ち着いている時に、何が起きたのか話をしてみましょう。相手がパターンを変えたいと望んでいるかを探るのです。意志があるところには、望みがあります。でもあなたがこそこそするのをやめるのを相手が許さない場合、話は違ってきます。それはあなたがその人との関係性に費やす時間と感情をできる限り制限するべきシグナルなのです。

相手が変わろうとしてくれないのに、つい関わり続けてしまう人も多くいます。なぜなら他に相手のよいところを見つけ、2人の関係を守りたいと思ってしまうからです。あなた方に、そのような問題があるのなら、互いに支え合うよう互いに努力するとよいでしょう。

痛めつけられた心

今この瞬間、決して起こらないはずの何かが起こっています。地面を揺らし、空気を振動させる何かが。降る雨は、魂が耐えうる涙の量が無限であることの象徴に感じられます。電話がかかってくるか、メッセージが入ってきます。息子が母親の携帯を借りてゲームをしていると、画像がポップアップします。娘が父親のパソコンでネット・サーフィンしていると、メールが表示されます。今の時代、ひとつ屋根の下で暮らす人が浮気をしていたら、嫌でも家族は気づきます。

「浮気されることがいかに苦しいことか、多くの人に知ってほしい」と浮気された経験のある人の多くは言います。

心理学教授で研究者のフローデ・トゥーエンは「他の人が同じ思いをせずに済むように、浮気された人はその痛みについてまわりの人に話してください」と言って、浮気が激しい心の痛みを引き起こすことを示しました。浮気をされた人の頭には、心的外傷後ストレス障害（ＰＴＳＤ）の人と同じく、空想や思い出の映像が何度もフラッシュバックします。人生に進歩がなくなってきていると感じることで、鬱になる人が多いです。浮気された人たちは、不安や、再び傷つけられるのではないかという恐怖を感じ、自信が持てなくなった、と言います。

「どうして私たちにこんな仕打ちができたの」と浮気された人は、よく言います。私だけでなく、

『私たち』やともに過ごしてきた日々をも踏みにじられたように感じるのです。自分について、またカップルについて抱いていた過去のイメージと未来像がぶち壊されたと。多くの人たちが、自分は被害者だと言います。赤の他人が2人の世界にずかずか入りこんできたと。浮気相手がそれまで2人の居場所だったところに、ずかずかと入り込んできます。2人のビーチや山頂、詩、歌、ベッド、2人の行きつけのレストランやカフェ、家や別荘に部外者を連れ込んだ。浮気相手は、あなたがパートナーに求めてきたけれど、めったにもらえなかったものを手に入れたのかもしれません。裏切ったパートナーは、別に本気じゃなかったと言って自己正当化するのかもしれません。パートナーが浮気相手に渡したり見せたりしたのはプレゼントだったり、優しい言葉だったり、深い会話だったり、性癖だったりするかもしれません。恋人が別の人に裸を見せ、心を開き、あなたには見せない部分を見せたのなら、あなたは再びパートナーを信頼できるとはなかなか思えないでしょう。浮気をした人たちも、ぼろぼろになる場合が多いです。自分のことを世界最悪の人間のように感じ、相手に与えてしまった痛みを目にするのに、ほとんど耐えられません。強い恥の感情にさいなまれ、自殺に走りそうになる人もいます。

それまでの生活を失うことへの恐れを浮気した人も感じ、後悔と怒りの両方を覚えるでしょう。ニーナ・リュッケは小説『違う。違うってば』の中で、これを上手く表現しています。浮気したヤンの心情を、作者は次のように描きました。

ヤンは激怒していた。誰も自分を止めてくれなかったことに。皆が彼を野放しにしていたことに。（目が見えず、耳も聞こえない）イングリも両親も、社会も、友達も、セラピストも。多くの人が警告はしても、実際に止める人はいなかった。彼が正気に戻るまで、彼をたしなめる人はいなかったのだ。

どんなに傷つけ合わないようにしても、人生に痛みはつきものです。では、私たちはどうすれば浮気を回避できるのでしょう？　以下にいくつか提案を示しますね。

❋今の関係を大事にしましょう。浮気は、上手くいかない人間関係から抜け出すための逃げ道であることもあります。恋人に、温かな注意を向けましょう。視線を投げかけ、耳を傾け、話をし、触れましょう。セックスしましょう。相手を蔑むようなことを言うのはやめましょう。

❋交際が上手くいっていても、別の人に惹かれることがあると覚悟しておきましょう。そうすれば、あなたは浮気しないよう戦略を立てる準備ができます。ダンスやおしゃべりの後にはお礼を言い、たとえばこうつけ足しましょう。「あなたといられる人は幸せね。でも私には好きな人がいるの」恋人との関係が上手くいっている人は、浮気したりしないものと思われがちです。しかし、それは正しくありません。この言説は危険でもあります。そう信じてしまうと、別の人に惹かれることは、恋人との関係が上手くいっていない証と解釈されかねないからです。浮気した人は自分自身と自分の行動を正当化するために、しばしば恋人の過ちや欠点を誇張するものです。

❋恋人にあなたがどんな人生を送っているか、あなたがどんなパートナーシップを望むか伝えましょう。すると大きな変化が起こるケースが多いです。浮気をすると、そのことについて話すのを避けがちです。やっかいなことに向き合う代わりに、別のことに目を向ける人もたくさんいます。あなたが何に苦しんでいるのか、恋人に話してみましょう。彼/彼女はあなたの全てを知りたいと思ってくれていますし、あなたが思っている以上にあなたのことを受け止めてくれるでしょう。

❋人生を切り分けないでください。浮気をする人の多くは、人生を複数の箱に分けることで、長期間浮気したり、浮気を何度も繰り返したりできます。ボーイフレンドとのアバンチュールは、1つ目の箱。恋人との生活は、もう1つの箱。仕事はまた別の箱。結婚生活はさらに別の箱というふうに。あなたの恋人に同僚や友人を紹介し、恋人の仲間とも知り合いになりましょう。

❋自分の弱点を知りましょう。あなたは人生であまり幸せを感じないと、すぐにパートナーとの生活に原因があると考えていませんか？　あなたが改めるべきなのは、人生の別の部分ではないか考えてみましょう。

うらやましがられるのが、苦手ですか？　他の人から注目されることで、あなたにどんな影響が及ぶかを知りましょう。他人との間に境界線を引くのが苦手ですか？　あなたに近寄ってくる人に、どうやってノーと言うべきか考えてみてください。あなたはすぐに退屈してしまいますか？　夢中になれる趣味の予定を入れるようにしましょう。お酒が入ると、無茶をしがちですか？　アルコールの量を制限しましょう。

❋他の人たちの関係性に敬意を示しましょう。今はこんな考え方が主流です。「別の恋人がいるのに、彼女が私といたいと思うのは、私にはどうしようもないことだ」。「彼のすることに責任をとるべきなのは、彼自身だ」私はそれらを賢明な考えとは思いません。浮気した2人ともが、浮気された人に痛みを負わせた責任を持ちます。

私たちは、新聞などで時々浮気を経験したことで、結婚生活が改善されたというハッピーな浮気の話を目にします。だからって、浮気をするのは賢明なのでしょうか？　私は一方が浮気をしたカップルをカウンセリングしたことが何度もあります。浮気が発覚することで、これまでになかった力が働き、多くの人は関係性を維持しようと奮闘します。大いに試行錯誤した末、以前よりも関係がよくなるカップルもいますが、そういうカップルは皆、次のような点を強調します。「私たちの関係性がよくなったのは、修復しようと努力したからであって、浮気をしたからではありません。一方が浮気に走る前に、関係性の改善に取り組めていたら、どんなによかっただろうと思います。いくら今、よい関係でも、どちらも辛い思いをしてぼろぼろになったのは確かなのですから」不倫や離婚をして後悔したという話は、メディアでめったに取り上げられませんが、それは無理もありません。だって後悔していることを公の場で明かしたい人がいるわけがないからです。公の場で、「私が間違えていました」と認めたい人がいるでしょうか？「私の選択が家族を離散させ、子どもたちとの関係性を目も当てられないものにした」と。これらの話を聞きたいのなら、カウンセリング・ルームの壁か天井にハエみたいに張りついて聞き耳を立てるか、小説を読むしかないでしょう。

あなたの感情や思考、行動に迷いが生じることもあるでしょう。
今のあなたは、なりたかった自分ですか？
そう思う時こそが、心を入れ替え
最高のあなたに戻るチャンスです。

第8章 変化と和解

それは夢

私は夢見る
何か素晴らしいことが起きるのを
時が開けるのを
心が開くのを
ドアが開くのを
山が開けるのを
泉が湧くのを
人生のドラマが幕を開けるのを
朝がはじまることを
私がこれまで見たことのないスケールで

オーラウ・H・ハウゲ

霜が降りる

冬に枝に霜が降りるように、私たちの心も氷でかちかちになることがあります。私たちの愛で、風に吹かれる緑の葉をまとった枝のように躍っていた心が、冬を迎え、氷の下で、ひっそりと眠る。そんなことが、どうして起こるのでしょう？　暖かで生命力に満ちていたものが、どうしたらそれほど冷たく、静かになりえるのでしょうか？

私が受ける電話相談の多くには、こういった疑問が潜んでいるように思えます。できれば今日、時間をもらえないかとためらいがちに尋ねる声は、今にも消え入りそう。人生はめちゃくちゃになり、何もかも理解不能で、もう何にも耐えられない。やがて、心臓が冷たくなっています。なぜなら相手の心が冷えきってしまったからです。そうです、そこまで一方の心が冷え切ってしまったら、２つの心が再び出会うのはもう不可能でしょう。そうしたら、それぞれの道を行くしかありません。

心が居場所を見つけてようやく、凍った心が徐々に凍りついていったと気付くことが多いです。何年もかけてゆっくりと凍っていく場合もあるようです。ともに楽しい時間を過ごしたある日、何かがおかしいと不安を感じる。その何かというのは、さまざまです。何かが少な過ぎたり、多過ぎたり、何かが欠けていたり、何かが望まれていたり。この何かが２人の関係性に異変をもたらすかもしれないから、不安なのでしょう。心はさまざまに不安を表現しようとしますが、この不安が相手に伝染するとは思っていません。あなたは冷静に真剣に話そうとします。あなたは泣き叫ぶでしょう。ベビーシッターはすでに頼んでありますし、旅行の予約もしてあるので、彼/彼女といっしょにいられるのは確かです。それでも不安は消えません。だけど彼/彼女からははぐらかされたり、肩をすくめられたり、反論されたり、拒絶されたり。もしくはこう言われます。「はい、はい。どうにかなるよ。2人で解決していこう」なのに何も起きない。

不安を伝えられた相手はまずは信号を無視し、「高望みしているからだろう」と言ったり、「他のことでイライラしているから、すぐ不安になるのだろう」と捉えます。「まだ最悪の事態ではない」と初め、考えます。「そう深刻ではない」「そのうち丸く収まるだろう」「ここを上手く乗り越えられれば、どうにかなるだろう」「子どもが大きくなりさえすれば」それらの考え自体は、そう愚かではありませんが、パートナーが軽んじられているとか、真剣に受け止められていないとか感じるのであれば、問題です。

しばらくすると、疑問や文句は止み、静まります。「よかった」と彼/彼女は考えます。「これで落ち着いた。彼/彼女は、自分たちが上手くいっていると気づいたんだな」ですがそれは誤解です。文句が出てくるのは、むしろいいことだと分かっていないのです。あなたは文句を言うことで、こう訴えていたのに。「私はよい関係を築きたい。2人でいたい。あなたといっしょにいられると信じている！　私はあなたを必要としている。あなたに背を向けられて悲しい」

沈黙と調和から伝わることは他にもあります。これはもう一方の心が離れようとしている兆候なのです。頑なになった相手に交信を試みるたび、拒絶され、飲み込まれ、断ち切られてきた。拒絶されるたび、愛し、願う心は傷つけられてきた。痛みから自分を守ろうとすればするほど、あなたは熱を失い、闘いをやめ、ナイフのような言葉を浴びせられても、注意を向けてもらえなくても、もうあまり傷つかなくなります。氷の膜が、まわりを覆おうとしています。そして霜によって、痛みがもたらされるだけでなく、よい物事をも妨げられてしまいます。ある時点まで達すると、温かな感情が全て消えてしまいます。再び霜を溶かすには、ここから立ち去り、別の場所に行くしかないと感じるようになるでしょう。

そして2人はソファの上に座るでしょう。するとあらゆることが、なだれのように襲いかかります。パートナーの心が離れていっていることに気づいた彼女は、こう言うのでしょう。「そんなに大事だとは思わなかった。分かってあげられたらよかったのに。仕事を減らすのは問題ない。見下した発言はしないようにするよ。お酒も飲み過ぎないようにする。携帯をいじってばかりいるのも、もちろん止める。いっしょに楽しく過ごす以上に、望むことなどない。家事の分担も守ります。もっとセックスしよう。お互いハグをしたり、体に触れ合ったりしよう。チャンスをくれないか。お願いだから!」

時にこのような会話によって、心が動かされることもあります。凍りついた心が、変化や可能性を信じることが。パートナーが最高の自分になろうと努力し、言葉と行動で繰り返し、新たな道を——あなたが長い間望んできた道をたどりはじめたと証明するかもしれません。同時に、パートナーが忍耐力と粘り強さを示すかもしれません。こんなふうにして心の氷はゆっくりと溶けていきます。ですが、手遅れの時もあります。心があまりに長い期間、凍っていた時は。

パートナーが何かを求めてきた時、何か文句を言う時、より多くを願う時、話をしたいと望む時、それをプレゼントだと受け取りましょう。相手はあなたとよい関係を築きたいと望んでいるからこそ、話したいと望んでいるのです。それなら話し合いましょう。耳を傾け、あなたの考えや体験について話をし、聞いてもらいましょう。互いに歩み寄ろうという姿勢を示すのです。こうして心の熱を保つことができます。心がかちこちになる前に、助けを求めましょう。

傷

人生には傷がつきものです。皮膚の傷と魂の傷が。皮膚の傷は、外から見えます。まわりの人はこう尋ねるでしょう。何があったの？　そういう人たちはあなたの傷に触れていいか尋ねるかもしれません。その傷が古ければ、触れられても、ほとんど痛まないでしょう。魂の傷はその逆です。外からは見えません。傷が引っかかれ、はがされそうになると、痛みが走ります。ですが私たちは今、ここで傷を引っかかれていることよりも、そもそも傷つけられたことに反応しがちです。しかもそのことに自分で気づかないことがほとんどです。

ある男性は、妻が大学に入りなおしたいと言い出した時、激怒しました。妻が話をしようとしても、話し合いに応じようとしませんでした。男性は奥さんが自分や家族のことを気にかけてくれていないと責め、奥さんの方は夫がフェアじゃないと言いました。でも奥さんはあきらめませんでした。どうして彼がそこまで激しい拒否反応を示すのか知ろうとしたのです。そしてしばらくすると、彼は思い出しました。両親が離婚する前、母親が大学に通い出したことを。彼はその時初めて、妻が大学に行きたいと聞いて、両親の離婚という心の傷が再びえぐられたことに気づいたのです。妻の計画は、置き去りにされる恐怖を彼の心によみがえらせたのです。

ある女性がセミナーの休憩中に、空いている椅子に座ろうとして、テーブルのまわりの人から「その席をとっている人がいますよ」と言われました。悪気のないその言葉は、彼女の心になだれを起こしました。学生の頃いじめられて、仲間はずれにされた時の記憶がよみがえってきたのです。ほんのちょっとの言葉が、彼女の心のかさぶたをはがしました。彼女は他の子が遊ぶ中、独りぼっちで立っていた8歳の頃の自分に戻ったような気がしました。拒絶された時、肉体的な痛みを感じた時と同じ場所で、同じように脳が働くことが、カリフォルニア大学のナオミ・アイゼンベルガーとマシュー・リーバーマンの研究で分かりました。この研究により、心が傷ついた時——特に拒絶された場合に、激しく胸が痛む理由が分かります。

恐怖を感じると、脳の扁桃体と呼ばれる、私たちの感情を左右する部分が活性化します。扁桃体は身の危険を感じた体験を覚えていて、過去の危険を彷彿とさせる事柄に反応します。何かが心の傷をえぐる時、感情が激しく覚醒されることがあります。そのような感情がよみがえる時、物事をクリアに考えることは難しくなります。それを単なる心の乱れだとか、条件反射だと言う人も多いです。扁桃体が活性化されると、『前頭前野』と呼ばれる脳の部位との接続が阻害されます。前頭前野は、私たちの思考や行動を制御する部位です。

私たちが自分の傷や傷つきやすさを意識せず、それらに対処する道具を持たないと、不合理で関係性を傷つけるような反応を示しかねません。

傷をほじくり返された時、あなたにできることは何でしょう？　それは、少し休憩をとることです。すると扁桃体の動きが鎮静化され、前頭前野との連結が強化されるでしょう。深呼吸しましょう。あなたが何を感じているか、あなたの体のどの部分に心があるのか感じましょう。自分が何を考えているのか、あなたの頭で何が渦巻いているのか、感じましょう。するとあなた自身を外から見つめられるようになっていくでしょう。あなたがあなたの思考と感情に気づき、認めることができれば、肩に入っていた力が抜け、緊張が少し解けるでしょう。

セミナーで昼食をとる時にトラウマがよみがえった女性の頭には、こんな思考が渦巻いていたのでしょう。「誰も私を好きじゃないんだ。きっと私のことなど避けたいのだろう。私は馬鹿だった。私なんていなければいいのに」自分の思考や感情に気づけば気づくほど、自分のことを外から捉えられるようになるでしょう。落ち着いて呼吸できればできるほど、彼女はこう考えられるようになるでしょう。「さっきのは真実じゃない。私を好きでいてくれる人は、たくさんいる。だから頑張ろう」彼女はその状況が古い感情に起因するものだと気づき、自分にこう語りかけました。「これは今の話じゃない。8歳の時の話だ」今、彼女は他の人たちの心の内が以前より分かるようになりました。「忙しいから忙しいと言っているだけ。私のことを避けているわけじゃない」

生きていれば傷つくことはあります。あなたはこれまでどんな傷を負ってきましたか？　あなたは急に誰かを失ったことがありますか？　見捨てられたことは？　裏切られたことは？　無視されたことは？　ののしられたことは？　理由もなく、糾弾されたことは？　職を失ったことは？　保育所時代、いつもお迎えが最後だったことは？

あなたがどんな傷を負っていたとしても、あなた自身の思考と感情を観察する練習をしましょう。その傷について、身近な人に話しておきましょう。その人は、あなたの反応が、今起きていることに対する反応なのか、それとも過去の心の傷が再びうずいているのか、見極める手助けをしてくれるでしょう。するとまわりの人はあなたがなぜ過剰な反応を示すか、理解しやすくなるでしょう。あなたの傷を知ったからといって、まわりの人が過度に気をつかってあなたに接する義務はありません。その傷と生きる術を学ぶべきはあなたです。話しましょう。だって愛とは、関わり合うことだから。話しましょう。愛とは互いが成長し、人生に立ち向かえるよう助け合うことだから。愛とは、『私たち』自身と互いを受け入れることであり、またその傷と傷つきやすさを受け入れることでもあるのですから。そうすることで、私たちは真の愛と真の強さを示すことができるのです。

新たな道

「私に望むものがあるとすれば、富や権力ではなく、可能性を求める情熱だろう。あちこちにあるそういうまなざしや、永遠の若さや、永遠の情熱が、可能性を見つけ出すのだ」とセーレン・キルケゴールは書きました。

朝、起きると、まっさらな1日がはじまります。あなたが生きている限り、新たな日が訪れます。新たな可能性だけでなく、新たな限界も。常に私たちには、可能性を見出す目が必要になります。

新たな日々が何をもたらすのか、はっきりしたことは分かりません。しかし私たちがそれらの日々をどう過ごすべきなのか、人生でどんな出逢いが訪れるのかは、ある程度、私たちがコントロールできます。

ひょっとしたら、あなたはもっと親切で、勇敢で、寛大になりたい、今に意識を集中させたいと思っていませんか？　あなたは怒る機会を減らして、相手を責めるのでなく、もっと耳を傾け、受け入れ、褒め、謝るのが上手になりたいですか？　挑戦する意志があれば、変われるのでしょうか？　2013年のハルヴァルドの研究で、研究者たちが、1万9千人以上の人たちの変わりたいという願望と、実際の変化をまとめました。この研究により、私たちの人格、関心、人生の価値観が、自分たちの思っている以上に変化していることが分かりました。

何かを変えたいと望む時、私たちは最終的にどうなりたいのか、どこに自分たちが進みたいのかをしばしば考えます。でもそれでは十分ではありません。私たちは目標へと続く道を探さなくてはなりません。私たちが常に進み続けてきた道をずっと歩き続けるだけでは、新たな場所にはたどり着けないでしょう。

私たちが常に歩き続けてきた道は、私たち自身の頭の中に存在します。また、頭の中には変化に続く道もあります。森に広い林道や登り坂や狭くて草の生い茂った道があるように、脳にもそういった道があるのです。そして森の中の道が、私たちが歩む道と合流し、最終的にそれらの道を使えるよう、脳の道も同じく変わっていくのです。

最新の脳研究により、脳は非常に柔軟かつ敏感であると分かってきました。脳細胞間では電子的なコミュニケーションが常に行われています。繋がりが築かれ、また弱まる。複数のニューロンが信号を同時に送り、次に私たちが同じことをした時によりスムーズに信号を伝達できるように連結されます。脳は使う中で変化していきます。

私たちの行動、思考、感情が、何年もかけて、私たちの脳の道や小道におなじみのパターンを作るのです。広い道は歩きやすいですし、私たちは何も考えずともそれらの道にたどり着きます。広い道では私たちは自然に歩くことができます。やりたいことをし、考えたいことを考え、心に浮かんだことをただ感じる。これらの道や小道に、私たちは満足していると言うことができますし、それらの道が私たちによい感情を与えてくれて、行きたい場所に運んでくれるので、私たちはそれらの道を歩き続けます。ところがそれらの道の中には、歩いていて悲しくなってくるものもあれば、そこにあることで『私たち』自身や他の人たちを傷つけるものもあるでしょう。かつて私たちにとって正しかったものも、今は私たちが行きたい道へ私たちを導いてはくれないかもしれません。

そういう時には、新たな道に踏み出すこともできると知るとよいでしょう。ですがそれには忍耐と、自己認識がいりますし、私たちがどの道にいるのかを把握しておく必要があります。あなたがもう使いたいと望まない道を走る自分の姿を観察することで、こう言いやすくなるでしょう。「私が知っていたのはそれよ。私があきらめたのはそれよ。もう同じ道はたどらない」代わりに、あなたは自分を少し愛情深い目で見ることができるでしょう。「この道は私の頭の中で長らくメインロードだった。でもまたここに戻るのは心地よいことではない。そう気づけてよかった！　これで私は立ち止まり、新たな道に踏み出せる」あなたが新しい道に踏み出すため、古い道を何度も振り返れば振り返るほど、新しい道に進むのは簡単になります。しばらくすると、あなたは考えずに新たな道に足を踏み入れることができるでしょう。あなたは変わったのです。過去に踏みとどまるよりも、新しいものを作る方が簡単です。そのため、古い道よりも新しい道により意識を向けるようにしましょう。変えたいことは複数あるでしょうが、1度に変えようとするのはやめましょう。1度に変えるのは1つで十分。新たな道に歩み出すと、他の変化も自然に後からついてくるのが分かるでしょう。

変化を生み出すのに、最適な場所はどこでしょう？　何が変化をもたらすのでしょう？　そして私たちがかつて進んだ古い道や小道に戻るのを、踏みとどめるのは何なのでしょう？

私たちには3つの面で可能性があると考えられます。感情、思考、行動です。一番いい変化をもたらすのが何かは、専門家の人たちの間でも意見が一致しておらず、変化の過程は流行に左右されますが。私がはっきりと理解しているのは、私たちがこれらの三角形の全ての角を起点とする必要があるということです。ですが、どこからはじめたらいいか、それぞれの角をどの程度、起点とすべきかは、私たちが何を変えたいと望むのかや、私たちの人格次第で調整する必要がありそうです。

感情を交えず、自分の思考にのみ向き合うのでは、十分に深いところまでは理解できないことが多いです。世間の常識を覆すのは、そう簡単ではありません。そしてそれを私たちが感情を介せずに行うのであれば、感情はただどこかへ押し出され、別のところで表出するでしょう。

ある男性が失業の危機に立たされていました。彼は家でひどく不機嫌でした。彼は自分の感情と向き合い、ポジティブに考えるよう心がけ、新しい仕事を探し、自分に励ましの言葉を贈りました。自分の行動も見つめ直し、温厚で、自発的になろうとしました。ところが不意にいらだたしい感情が湧き上がるのです。

そこで彼は別の道を探そうとしました。自分の感情と向き合うことにしたのです。そして彼は自分が職を失うこと、新しい仕事が見つからなかった時のこと、人生の敗者になること、経済的に困窮すること、また妻に不満を持たれることに、大きな恐怖を感じていることに気づきました。彼は恐怖をぬぐい去ろうとしましたが、上手くいきませんでした。しかし彼が心を開き、自分の感情を見つめ、受け入れた時、変化が訪れました。彼は身近な人とあえて自分の感情を共有し、自分がなぜそんなに不機嫌なのかを話し、自分が何を恐れているのか伝えたのです。妻は彼を抱きしめ、たとえ失業しても、彼のそばにいると言ってくれました。それでも彼の失業への恐怖が消えることはありませんでしたが、家で怒ることはめったになくなりました。

ノルウェーには、『トロルは光の下にさらされると、ひびが入る』という古いことわざがありますが、これは言い得て妙です。感情というのは、私たちが開示することで、必ずしも消えてなくなるわけではありませんが、感情がそこにあることを認め、どんな感情なのかを理解することで、静まったり、落ち着いたりするでしょう。

私たちが思考や感情と向き合っても、行動を見直さなければ、具体的な結果は得られないでしょう。思考や感情は無視して、行動とだけ向き合っても、かつての道に後戻りするのが落ちです。

一番大事なのは、どこからはじめるかではなく、どこでもよいから、とにかくはじめることです。行動や感情や思考を変えるためのあらゆる小さなステップの踏み方は、水に石を投げ込むのと似ているからです。水面の輪は見えても、私たちがもたらした小さな変化がどうまわりに影響を及ぼすかを知るのは必ずしも容易ではありません。しかしそれらの変化は確実にそこにあり、ある日あなたは振り返って、自分が変わったことに気づくでしょう。ひょっとしたらさまざまな状況にあなたがどう対処するか、その方法はそれまでとすっかり変わるかもしれません。

ある日の夜遅くに、私は疲れきって仕事から帰宅しました。夫と子どもが夕飯を準備してくれる約束を、楽しみにして扉を開ける前に、期待に胸を膨らまし、キッチンの窓から中をのぞき込みました。目に飛び込んできた光景に私はがっくりさせられました。テーブル・セッティングもされていません。それどころか、シンクが生ゴミや洗いものであふれています。私はいら立ちで心のバランスが崩れるのを感じました。そしてドアを開けながら、怒りの言葉が自分の口から飛び出すのが聞こえました。すると中から、家族の歌声と演奏が聞こえました。いつもはその音を聞くと、嬉しい気持ちになるのですが、その日の晩は、イライラしました。

幸い、リビングのドアは閉まっていた上、季節は冬でした。コートのボタンを外し、手袋とマフラーとコートとブーツは、部屋に入る前に外さなくてはなりませんでした。ブーツの紐をほどいている短い間に、私の扁桃体は少し落ち着き、前頭前野との連結が強化され、私は思考を取り戻しました。私は自分にこう言い聞かせました。「落ち着いて。他の人にするよう言ったことを、あなたもするの」その後、私は自分のことを外から観察しはじめました。私は自分の感情と思考に意識を向けようとしました。私が実際、今感じているのは何なのだろう？　私の頭の中を渦巻いている思考はどんなものだろう？　私の頭に浮かんだ光景は、あまり誇れるものではありませんでした。でもどうにかするためには、まずは現実を見つめなくてはと思ったのです。そこで考えたのはこんなことでした。

「またか！　いつも私が全てやらなくちゃいけないのね。私があくせく動き回っている横で、皆はただくつろいでいるんだわ」いら立ちの陰には、うらやましさ認めてもらいたいという思いが潜んでいるものです。「私が時々遅くなっても、何もやっておいてくれない。私がどれほど疲れて空腹か、どうして分かってくれないんだろう。私のことを考えてくれていないんだ。私のことなんてどうでもいいのね」私の心を埋め尽くしていた感情は、失望と痛みとみじめさでした。

自分の思考や感情に気づき、ありのままに受け入れるほど、それらから解放されるものです。そして私は自分にこう言い聞かせました。「これは真実じゃない。あなた自身のことを哀れむのは、やめにしましょう。ここであくせく動き回るべきなのは私だけじゃない。この家の家事を全てするべきなのは、私じゃない。もうこれ以上できないと示すべき時だ。家族が私のことをとても好きでいてくれているのは分かっている」そんなふうにネガティブな心が昇華された数分後、リビングのドアを開けながら、私はこう言いました。「ただいま！　この家に戻ってこられてよかった。何て素敵な音楽なの」家族は楽器から視線を離し、顔を上げました。「わあ、お帰り！」「今日の夕飯は僕らが作るんだよね。楽しくて時間を忘れてた」「ご飯ができるまでの間、パンでも食べる？」

美味しい夕飯といつもよりさらに賑やかな音楽と歌であふれる、楽しい夜になりました。キッチンは確かにまだ散らかっていましたが、それがどうしたというのでしょう？　もしも私がつんとして怒って、部屋に入っていたら、その晩は違ったものになっていたでしょう。そして私は間違いなく、修復のためのいくつかのツールを用いていました。

修復する

どんな人間関係にも、修復が必要な大小のいざこざが生じるものです。私たちは無配慮になったり、自己中心的になったりして、互いの足を引っ張り合いかねません。

食器洗いも、片づけもされていないキッチンを思い浮かべてみてください。2、3日なら我慢できても、しばらくすると汚れたお皿や残飯が不快に思えてくるでしょう。ゴミ出しを止めれば、たちまち生活に支障が出るでしょう。私たちの関係性も同じです。人は「ごめんね」と言うことで、大小の問題を整理します。謝ることで、鬱憤というゴミを出すのです。これは日々の日課のようなもので、多くのカップルは、この日課をそれぞれのやり方——身振り手振りや、表情、言葉の表現——で行うのでしょう。「ごめん。私が馬鹿だった。私を許してくれないか。私に新たなチャンスをください」ですが、他のスタイル、方法より、うまく機能する特定のスタイル、特別な方法はあるものなのでしょうか？

パートナーシップの研究者であるジョン・ゴットマンは、どの種類の修復法に効力があるのかを究明しようとしました。恋愛研究所で、彼は数千ものカップルの仲直りの事例を調査しました。そして驚くべき発見に至りました。教科書通りに、修復を試みたカップルもいましたが、それではうまくいきませんでした。他方でまわりの人がやきもきしてしまうような、ぎこちないやり方で謝罪するカップルもいて、その謝罪はパートナーの心に届いたようでした。修復を成功させる上で、最も重要なのは、形式ではありませんでした。最も重要だったのは、パートナー間でどれだけポジティブな感情を抱えているかでした。カップルの『感情口座』の残高が多ければ多いほど、より上手に修復できることが分かりました。つまり、修復で一番大事なのは、何を言い、何をするかでなく、どんな土壌で修復の試みを行うかです。
映画の撮影では、1シーンに複数テイク撮るものです。これは、私たちがちょっぴり不運に思える時に、使うとよい手法です。これで簡単に軌道修正できます。撮り直しする際は、プライドを捨て、自分たちの愚かさを少しは認める必要があります。私たちは互いに新たなチャンスを与えなくてはならないのです。

前述の例で、家に戻ってきた私が怒って、リビングにつかつかと入り、皮肉っぽい口調でこう言ったとしましょう。「この家の人間は、くつろぎ方をよく知っているのね」そう言う私自身も、言いながら、その言葉がいかに愚かかを認識するでしょう。もしも私が、「ああ、ごめんなさい。私が馬鹿だったわ。チャンスをくれる?」と言ったら、どうなったでしょう? そうしたら、家族はこう答えたかもしれません。「うん。いいよ」そうして私に新たなチャンスをくれたことでしょう。

別の例を見ていきましょう。あなたは恋人との待ち合わせに遅れてはならないと、ひどくナーバスになっていたにも拘わらず、5分遅れてしまいました。恋人は、開口一番、あなたにこう言うかもしれません。「君はいつも遅れてばかりじゃないか!」ですが、彼はその後、自分の怒りにブレーキを踏み、こうも言えたかもしれません。「ごめん。僕にチャンスをくれないか?」するとあなたは、「いいわ」と答えるでしょう。

私たちは、過ちを常に避けることはできませんが、自分たちがどの道を歩んでいるか把握することで、立ち止まって責任をとれるかもしれません。すると私たちは、ターニングポイントを見出し、軌道修正のチャンスを得られるのです。

私は消しゴムがほしい
そっと消してくれる消しゴムが
私が言い
考え、意見を言い、行動したことで生まれるあらゆる愚かなことを
私は消しゴムがほしい
静かに消してくれる消しゴムが

ビョーン・ルンニンゲン（ノルウェーの詩人）

私たちが恋人にもう1度チャンスをくれと頼み、そのチャンスを互いに与える時、互いに消しゴムを与え合うのです。右のビョーン・ルンニンゲンの詩で、それはそれは美しく書かれているように。紙が再び空白になることが、2人の愛にとってよい刺激になります。

ちょっとした過ちであれば、消しゴムに手を伸ばしたり、消しゴムをくれるよう頼んだりするのは、そう難しくないかもしれません。ですが、互いを深く傷つけてしまった場合、もう1度チャンスがほしい、と頼むだけでは十分ではありません。そして非常に深刻なケースでは、決して傷を消したり、忘れたりはできないでしょう。ですが、修復できないわけではありません。修復の度合いが大きければ大きいほど、修復法や、修復までにたどる道について、少し知る必要が出てきます。

傷をもう癒やしきったと思い、パートナーにこう言う人もいるかもしれません。「だからもう謝っただろう」ですが、言葉だけで行動が伴っていなければ、仕方ありません。ともに生きるということは、海に張った薄い氷の上を歩くようなものなのです。互いを傷つけると、氷にヒビが入ります。ちょっとした過ちなら、すぐまた氷が張って、ヒビは塞がれることでしょう。大きな過ちなら、ヒビが塞がるまでに長い時間がかかるでしょう。塞がれたばかりの穴は、薄く、もろいでしょう。そういう時は、マリー・タクヴァムの『慎重に信じる』という詩を思い出してみるとよいでしょう。

常に静かに信じて
凍ったばかりの海で

海の深みに沈んだ何かが
血を流しているかもしれないから

張ったばかりの氷の上を歩く時は、慎重にならなくてはなりません。同じ、または似た過ちを再び犯さないよう、神経を研ぎ澄ませなくてはならないのです。傷をほじくり返さないよう、気をつけましょう。氷が薄いと、穴は簡単に開いてしまいます。昨日、彼から頼まれた買い物品を、翌日に買い忘れないようにしましょう。もしも結婚記念日を忘れてしまったなら、誕生日は忘れないようにしましょうね。

昨日何か忘れたら、明日は忘れないようにしてください。家族でスキー旅行に行った時に、あなただけ100メートル前をさっさと滑っていってしまうのが、家族の心にどんな影響を及ぼすか、ようやく分かりましたか？　次のスキー旅行の時は、家族といっしょにいるようにしましょう。パーティーであなたが他の人とばかり踊ってしまったとしたら、次回、パーティーに行く時には、恋人にもっと注意を向けるようにしましょう。氷がいかに割れやすいか忘れてしまうと、穴はなかなか塞がれません。私たちの立つ氷がヒビだらけなら、上を歩くのは難しいでしょう。氷の上を何度も歩くのを避けるなどして、氷が再び凍るよう行動すれば、穴は塞がれるでしょう。

私があなたにしたこと、あなたが私にしてくれたこと、私たちが互いにしたこと、誰かが私たちにしたことを、どうしたら受け入れられるでしょうか？

私はパートナーシップにおいて、浮気という最も困難なプロセスが生じるのを目の当たりにしてきました。深い傷ができるのは、人生の最も危うい時期に、一方が何かしらの形で、もう一方を裏切る時です。妊娠、出産の際、または子どもの乳児期、女性に、自分も子どもも放っておかれたとか、裏切られたとかいった強い感情を与えてしまうかもしれません。男性側が、強烈な疎外感を覚えることもあるでしょう。誰かが病気になったり、亡くなったりした時のような繊細な時期に、恋人から背を向けられると、「君は僕のためにここにいるの？」という質問に、はっきりとノーを突きつけられたように感じるでしょう。そのような過敏な時期には、配慮を欠いたちょっとした行動も、大きな傷を生みかねません。そのことについて話すことも、修復することもしなければ、傷が癒えることはないでしょう。すると、距離や不信感や嫌悪がいつの間にか生まれるでしょう。

許すことが常に可能で、望ましいとは限りません。許すことについて話す代わりに、和解することについて話しましょうか。和解するのは、忘れることではありません。辛かった全部の気持ちをなかったことにすることでもありません。和解することは、未来との結びつきが強固になった過去と、私たちが体験したことと、私たちが抱いた困難な感情に、人生を支配されないよう、その感情を抱え、生き続けようとするプロセスです。何が行われようと、私たちに幸運な未来がもたらされる希望を見出し、信じることは常に可能です。ですが、どうしたらそうできるのでしょう？

「真実なき和解はない」と言います。大きな悲劇が起き、傷を負った後で、ばらばらになったパズルの細かなピースを集めるのは、一仕事です。ことの顚末がはっきりしたら、次のステップに進めます。パートナーシップでも同じです。重大な裏切り行為をパートナーにずっと隠してきたとしても、いつかは知られてしまいます。

一方が相手の境界線を踏み越え、裏切り、傷つけると、バランスが崩れます。和解への重要な道は、バランスをとり戻すことです。関係の修復に完全な責任を持つのは、過ちを犯した方です。和解には贖罪も必要です。贖罪は、過ちを犯した人だけのものではありません。それは主に傷つけられた方が、痛みとともに生き続け、バランスをとり戻すためのものです。過ちが重大であればあるほど、再生し、新たな信頼をとり戻し、相手のため、また『私たち』のために、自分を犠牲にするのを厭わないのを示せるよう、必要な投資や努力は多くなります。Facebookで元彼／元彼女とつい交流して、焼けぼっくいに火が付きそうになった人は、かつての恋人を『友だち』から削除し、ソーシャル・メディアの利用を控えた方がよいかもしれません。パーティーで節度を守れない人は、飲酒をやめた方がいいでしょう。同僚と浮気してしまった人は、仕事に支障が生じる可能性があります。

傷つけられた側が和解を望むのであれば、相手に仕返しをするタイミングをうかがうのは止めるべきです。相手の罪を問うのを止め、新たなパターンを構築する必要があります。新たな信頼関係を築くには、傷つけた側が、学んだことを言葉だけでなく、行動でも示さなくてはなりません。新たな過ちを犯さないよう気をつけましょう。意志と創造力と愛によって、新たなパターンを築けます。苦しみについて話す時、自分たちの過ちを認め、改めようとする時、善を追い求める時、手を広げ、ともに生きる新たな道を探ろうとする時、平穏が訪れるのです。

心の奥にしまい込んだネガティブな思考や感情は、時に全く別のことへのいらだちや怒りといった形で表出します。ですが、辛いことについて話すのが上手な人もいます。何かあったばかりの頃は、まわりから好意的なサポートを受けた経験がある人もいるでしょう。同時に、苦しい感情や思考が消えない時やよみがえってきた時に、寛容に受け止めてもらった経験をした人も多くいるようです。『前進あるのみ』とよく言われますが、私たちが表面上だけでなく、実際にきちんと前進するには、自分と他者の両方が痛みに立ち向かうのを許容する必要があるのです。喪失や悲しみや暴力について話すことは、一生を通じて必要です。まわりの人が和解しようと歩み寄ってきたら、寛容でいましょう。行動や思考、感情を言葉で表現し、耳を傾けてもらえることは、自分自身を外から、他者を内から理解するために距離をとる助けになります。すると辛い気持ちになる機会が減ったり、そのような気持ちが薄らいだりして、生きやすくなるでしょう。

美しい花瓶を思い浮かべてみましょう。それからその花瓶が割れるところも想像してみましょう。「ごめんね」と謝ったからといって、花瓶が元通りになるわけではありません。破片を見つけ、くっつける必要があります。くっつけても花瓶は完全に元通りにはなりませんし、それが割れたことを私たちは決して忘れられないかもしれませんが。日本には、金を使って、欠けた陶器を修復する、『金継ぎ』という伝統があります。よみがえった陶器は、壊れる前よりも、価値が上がります。金継ぎを施された花瓶は、美しさが増すと考えられているからです。花瓶が修理されるのは、その花瓶に、破片を1つ残らず見つけて、丹念に継ぎ合わせるだけの価値がある証です。金継ぎで欠けたり傷ついたりした跡の残る花瓶は、新しく傷1つない花瓶より、輝いて見えるでしょう。

修復の手順

あなたが相手を傷つけてしまった場合

❋全てを黙って認めましょう。これからもパートナーを傷つけ続ければ、信頼関係は壊れるでしょう。

❋言い訳しないでください。「ああ、でもそれには訳があって……」「あなたが……したから、そうなったんじゃない」などとは言わないようにしましょう。

❋相手があなたを傷つけた時の話を、ほじくり返さないようにしましょう。「君だって……をして、僕を傷つけたじゃないか」

❋相手の痛みを、何度も繰り返し知るようにしましょう。あなたが後悔していて、相手の痛みを理解しているのを示しましょう。忍耐強く待ちましょう。こうは言わないようにしましょう。「これで十分、傷は癒えたよね」裏切りの回数が多く、大きいと、信頼関係をとり戻すまでに、多くの時間と対話が必要になります。

❋あなたが心から後悔していて、2人の関係を修復するのに努力を惜しまないと相手に伝えるため、何かを犠牲にするのを厭わないでください。

❋パートナーの心を過去に踏みつけてしまったことがあるなら、その出来事を彷彿とさせる行為は避けましょう。

❋浮気の顚末について、あなたの方から率先して話し合うようにしてください。相手の心はそれで満たされますし、自分がしたことについて考え、後悔の念を示すあなたを、きっと評価してくれることでしょう。

❋裏切ってしまったことを思い出すたびに、あなたが罪悪感を覚えたり、相手に与えた傷についてまざまざと思い知らされたりする場合、修復に苦労するかもしれません。あなたがこれらの感情に耐えるのは難しいかもしれませんが、それでも、これらの感情により、恋人から遠ざかるのを何とか踏みとどまりましょう。これらの感情に寄り添い、言葉で言い表すようにしましょう。

あなたが傷つけられた方の場合

❋相手が差し出してくれた手をとりましょう。

❋相手の裏切りが、あなたにどんな影響をもたらしたのか話しましょう。

❋怒りや悲しみ、恐怖をはじめとした、ネガティブな感情を隠さないようにしましょう。自分の思考や感情に意識を向けましょう（傷についての章参照）。それらを言葉で言い表しましょう。

❋なぜ、どんなふうに浮気したのか、何度も問い詰めるのはやめましょう。浮気されてしばらくたった後も、聞き続けるのは少なくともやめにしましょう。

❋相手を攻撃したり、蔑んだりしないようにしましょう。

❋信頼回復のために、何が必要なのか考えましょう。そして相手にそれを伝え、実行してもらいましょう。

❋気持ちが落ち着いてきたら、状況を変えられたか、振り返ってみましょう。変えられたとはまず思えないでしょうが。

チャンスをつかむ

困難な対話と、過酷な考察という長いセラピーを終えた2人が、私の事務所のソファに疲れ切った様子で座っていました。窓から差す春の陽光が慰めるように、2人の頬を伝う涙を照らしていました。

男性が女性の方を見て、言いました。「新しいチャンスをくれて、ありがとう!」

カウンセラーである私は男性の目を見て、言いました。「一生懸命、変わろうとしてくれて、ありがとうございます。あなたは苦境からただ逃げるのでなく、困難に立ち向かう勇気を持った人ですね。辛いことなのに、何度も何度も話をしてくれた」

「そう言ってもらえて、嬉しいです」と彼は言いました。「ですが過ちを犯したのは僕です。お礼を言われる権利などありません」

私は彼を見つめて言いました。「あなたには感謝される権利がありますよ。感謝されることで、先に進みやすくなります。そうしたら、彼女が喜んでくれたことを、またすればよいだけです」

私たちは3人とも、しばらく黙って座っていました。「そうですね」と彼が言いました。「確かに今は、心が軽いです。でもそれも一時的なものでしょう」

新たなチャンスを与えられたら、それをつかみましょう。勇気も、強さも、献身も必要な場合が、たくさんあります。チャンスをつかむのは、必ずしも簡単ではありません。変化の先に必ずしもよい結果が待っているわけではありません。一番楽なのは、あなたがすでに歩いてきた道をそのまま進み続け、こう言うことです。「ああ、だが俺は、こういう人間なんだ。批判的で、文句ばかり言って、不誠実で、頑固で、酒浸りで、ケチで、掃除にうるさく、遅刻魔の」またはその時々であれこれ言い分を変え、最後にこう言って締めるのです。「ありのままの俺を受け入れてくれなければ、また同じことが起きるぞ！」

さらに、こうも言うでしょう。「もうすぎたことだろう！」「やってしまったことは、どうしようもないだろう！」また相手のせいにするという選択をとることも。「お前のせいだ。お前の行いがよければ、俺が浮気することもなかったのに」「たぶらかされたんだよ。酔った勢いでつい」「浮気しちゃいけないって、母親からも教わらなかったんだ……」あなたが他人に責任をなすりつけ、言い訳する選択をとるのなら、変わるチャンスをみすみす逃してしまうでしょう。

春に木々が息を吹き返すように、私たち人間も、新たなチャンス、新たな希望、新たな生をとり戻すことができます。人生には、心が冷え冷えするような出来事――時に死までもが訪れるでしょう。救いようのない過ちを犯すことも、辛い悲しみを抱えることも、袋小路に迷い込むこともあるでしょう。あなた方の関係は、徹底的な修復を必要としているか、より積極的に、密に交流することで、ほんのちょっぴり新鮮な空気を吹きこめばよいだけかもしれません。あなたは孤独を感じ、失った相手に焦がれ、その人を追い求めるかもしれません。あなたは決して手に入れられない相手を求めます。感情や思考、行動に迷いが生じることもあるでしょう。今のあなたは、なりたい自分ではないかもしれません。それなら、変わるチャンスです。受け入れられる最良のあなたを見つけ、シフト・チェンジするのです。たとえリスクがあっても、変化にしばしば困難を伴うとしても、それらのチャンスをつかむ選択ができるのです。

春になると、私たちは冬靴と手袋と分厚い上着を部屋から物置に移動させます。車のタイヤを替えます。ですが、冬の防寒具を屋根裏と地下に運ぶ間に、冬中降った雪より多くの雪が、突然一気に降ってくるかもしれません。変化を起こし、何かを終え、新たな状況を作り、自分たちの春を創造しようとする時も、同じでしょう。懸命な努力の後では、夏靴で楽園をジャンプする時のように、軽やかで自由になったと感じるでしょう。ところが突然また雪が降ります。世の中、そんなに甘くありません！　私たちはまたフラストレーションや怒り、悲しみを感じるでしょう。そして何をどのようにするか、よく考えなくてはなりません。ですが、雪が年中、積もるわけでないのは、せめてもの救いです。過ぎた記憶に首元をつかまれ、ヒヤッとしたことがあろうとなかろうと、あなたは確かに変わったのです。

子どもはいつか社会に出ます。
すると玄関にあふれ返るバッグや靴、
騒がしい夕食の時間や果てしない食事作りが急に懐かしく思えるでしょう。
後で振り返って後悔するぐらいなら、
今、恋人らしくいるよう心がけてはどうでしょう。

第9章

日々の愛と家族生活

お父さんは赤ワインが大好き……

お父さんはモーツァルトが大好きで
お母さんはローリングストーンズが好き
お父さんは魚のシチューが大好きで
お母さんはスイカが好き

お父さんは赤ワインが大好きで
お母さんはアクアビット（じゃがいもの蒸留酒）が好き
お父さんは整理整頓されているのが大好きで
お母さんは雑然としているのが好き

いつも喧嘩
文句ばかり
そこでお母さんはお父さんに言った
他の家を探せば

そう、いつも喧嘩
いざこざばかり
そこでお父さんはお母さんに言った
明日、別れよう

そうして2人はサヨナラした
5月の美しい日に
玄関で別れた
バイバイバイバイって言って

でもお父さんはお母さんを愛していた
お母さんもお父さんを愛していた
だから門のところで引き返した
どちらも不思議な笑みを浮かべ

今また2人は同じぼろ屋で
暮らしている

お母さんはあいかわらずビートルズが大好き
2人はしょっちゅう喧嘩している
だけどお父さんはお母さんが大好きで
お母さんもお父さんが大好き
だから2人はこれからもアクアビットとワインを飲み
ともに生き続けるのだろう

アーリル・ニュークヴィスト（ノルウェーの歌手、作家）

日々、恋人

「恋人でいる時間などありません！」私の出会う子持ちのカップルには、そう言う人が多いです。そういうカップルは、子どもには常に手をかけなくてはならないとか、ロマンチックなディナーや2人きりでのデートをしょっちゅうしなくては、とか、恋人関係を保てないとか思っているのでしょう。映画を観にいったり、週末に遠出したりすることで、関係性はよくなるでしょう。ですが、恋人らしくいるために、ベビーシッターにわざわざ子どもを預けているなら、危険なパターンに陥っています。多くのカップルが親の役割をまっとうしようとする余り、恋人らしさを失いがちです。そういう人たちは、互いを見失っています。それは悲しいことです。だって、子どもにとって一番の幸せの1つは、親が仲よしであることなのですから。そして成人になってからの生活の質を高めるのも、親が仲よしだった記憶なのです。幸い、工夫1つで、子どもも親もハッピーな家族生活を築けます。

子どもを王子様やお姫様のように扱うのはやめましょう。子どもたちを、あなた方夫婦という安定したリーダーが率いる群れに属す対等なメンバーと捉えてください。あなたたち家族にぴったりの活動強度を見極めましょう。他の人に煩わされないで。自分たちのことを信じましょう。子どもたちがどれぐらいの時間、保育所や学校にいようが、一番大事なのは、あなた方と過ごす時間だということを忘れないで。そうすることで、子どもたちが安心でき、あなたたちが恋人らしくいられるような群れを築けるのです。

子どもといっしょにいることと、恋人らしくいようとすることは、決して矛盾しません。愛は、私たちが夕飯をいっしょに食べる時、家をいっしょに片づける時、いっしょに散歩に行く時、育まれるものなのです。あなた方親がポジティブな言葉を互いにかけ合うのを耳にするのは、子どもたちにとってよいことです。たとえば、こんなふうに。

「そのズボン、よく似合うわね」「君の焼いたケーキ、すごく美味しいよ!」「わあ、お父さん、きれいに掃除してくれたわね」「お母さんがもう少しで帰ってくるよ。早く会いたいね!」

どんなカップルにも、意見の不一致や喧嘩は見られるものです。他人と生きるというのは、そういうことなのです。あなた方がいさかいを修復し、ごめんね、と言い合い、仲直りするのを目の当たりにする経験が子どもたちの成長を助け、その先の人生で他人と協力する前準備になるのです。

恋人同士、互いに気をつかいましょう。「パパのお友だちが遊びに来てるから、2人だけでちょっとお話しさせてあげましょう。さあ、ママと楽しいことを探しにいきましょう」「ママを少し寝かせてあげよう。起きるまで、パパと夕飯の準備をしようか」

ノルウェーの家庭には、労働力があり余っています。子どもたちはごく小さい時分から、ふきんでテーブルをふくことも、テーブル・セッティングすることも、パンを焼くお手伝いをすることもできるのに。子どもたちにとって、自分たちは家族の一員で、役に立っているんだ、と感じるのはよいことです。群れでは、普通、全員が荷物を運ぶものです。皆が働く義務を負うと同時に、休む資格があります。ソファの上で親がくっついているまわりで、子どもたちを走り回らせておきましょう。何もしないことも、大事なのです。この社会では、子どもに自由を与えることや、子どもといっしょにだらだらすることの大事さが見過ごされがちです。良質な会話が生まれるのはそういう時間なのに。子どもの考えや意見に関心を示しましょう。そうすることで、子どもたちは大きくなってからも、話をしてくれるでしょう。大人同士、話をしている時は、子どもたちを待たせましょう。子どもたちは耳を傾けられ、気づかわれる必要がありますが、子どもたちも他の人たちの話に耳を傾け、話す順番を譲る必要があります。こうして、共感力が養われるのです。大人を常に後まわしにしなくてもいいのです。会話や音楽を完全には理解できなくても、耳を傾けることで、子どもたちは成長できます。親の古いレコードや、激しいロック音楽も、子どもたちの遊びのよいバックグラウンド・ミュージックになるでしょう。アイスケートでジュニアの選手たちが大人向けの音楽に合わせて、喜んで踊るように。リビングの床の上で、いっしょにダンスしましょう。子どもたちはあなたたちの方に駆けてきて、腕に抱きつき、いっしょに踊り出すでしょう。思春期に近づいてくると、笑ったり恥ずかしそうにしたりするかもしれませんが、あなたたちがダンスしたりキスしたりするのを止めようとはしないでしょう。仲睦まじい親たちの様子を見るのは、子どもにとってよいことです。父親と母親が幸せであることが自分たちの心の支えになると知るのは、10代の子どもたちにとって、よいことです。あなた方が言葉と行動により、互いに良心と愛を示し合う姿を目にすることは、どんな教育番組よりも豊かな学びになるでしょう。

いつか子どもは社会に羽ばたきます。すると急にあなたは、玄関にあふれ返っていたバッグや靴や、夕食のテーブルを囲んでの白熱した議論や、果てしない食事作りを懐かしく思うでしょう。後から気づいて後悔するぐらいなら、今、恋人らしくいるようにしてはどうでしょう。子どもたちは内心、気づいているのです。「私の親は、2人だけでもやっていける。僕が何を勉強しようと、どの職業に就こうと、それで親の幸せが決まるわけじゃない。親は僕に幸せになるよう望んでいるだろうけど、それでも親の前で、今自分は辛い目にあっていると言っていい。うちの親は、それぐらいじゃ、へこたれないだろう。僕がちゃんと努力さえしていれば、そばにいてくれるだろう。僕も、群れの一員なんだ。どうやったらよい群れを作れるか、僕も知ってるさ」

小さいことはよいこと

幼い子どもを抱え、以前より少ない収入でやっていかなければならなくなって間もないある夏の週、同じ状況にある友人一家の訪問を受けました。一家はリレハンメル地域に引っ越してきたばかりで、大人も子どもも山にハイキングに行ったり、庭で遊んだりする日々を満喫していました。一方、私たちはというと、かわいいわが子に、もっと素晴らしい体験をさせてあげたい、人並みの贅沢をさせてあげたいと思っていました。私たち家族と友人一家は、近くにあったフンデルフォッセン（ノルウェー最大のアミューズメントパークの1つ）に行くことにしました。カーナビゲーションに目的地を入力すると、子どもたちは大はしゃぎでした。

ところがフンデルフォッセンにたどり着いた私たちは、自分たちの薄っぺらい財布の中身では、この遊びの楽園の入場料は買えないことを知りました。そういう時こそ、話し合うチャンスです。

不機嫌なまま家に帰るか、それとも休み中、ひもじい思いをしても、チケットを買うべきか。でも、その日、運が味方してくれました。私たちの数人が、不意に数メートル先の遊び場を指さし、叫んだのです。「ご覧。あれがフンデルフォッセンだよ!」すると歓声を上げながら、子どもたちが、樽やチューブ、ブランコ、トラクター、縄を上っていく遊具の方へと駆けていきます。そうして何時間も楽しそうに遊び、アイスやお昼を食べ、楽しい時間を過ごせました。大人も冗談を言い合ったり、ふざけたり、いっしょに遊んだり、話をしたり、くつろいだりしました。フンデルフォッセンでのその1日は、子どもたちにとって忘れられない思い出になりました。一番上の子の堅信礼（キリスト教の信仰儀礼）の時、真実を打ち明けるまで、子どもたちはフンデルフォッセンに行ったものとばかり思っていたのです。でも実際、彼らはいたのです。フンデルフォッセンのすぐ隣の遊び場という、それはそれは素敵なアミューズメントパークに!

私たちが想像する以上に、世界はわくわくで満ちています。大事なのは、どこで咲くかではなく、置かれた場所でどう咲くかです。長い休みや休日に家族元気で過ごせることは、大人にとっても子どもにとっても有益であり、またこの上ない喜びです。このことで家族の絆が固くなり、家族の歴史の1ページを彩ることができます。家族団らんの時、会話が弾むことで、パートナーとの愛を一層強く感じる人が多いようです。次に、子どもといっしょに楽しい休日を過ごす7つの秘訣を伝授しますね。

❋子どもがよい1日を過ごせる環境を整える責任を負うのは、大人です。親が子どもに長い休み中の旅行先や旅先での予定を決めさせるという話を時々、耳にします。子どもたちに決めさせれば、選んだのは子どもたち自身ですから、泣き言を言ったり、文句を言ったりすることはないだろうと。ですが子どもたちには大人のように、結果を予測する能力が備わっていません。彼らは車で何日も移動したり、都会のアスファルトの道を何日も歩いたりするのが、いかに大変か想像できません。子どもたちも選択に加わるのは、とてもよいことですが、親はまず、よい選択肢を提示すべきです。

❋子連れなら、外出先や休暇先は、コンパクトで分かりやすい方が、うまくいきやすいです。たとえば、広くても人がごった返しているビーチよりも、こぢんまりしていても人が少ない海水浴場の方が楽しめるでしょう。また大都市よりも小さな村の方が、楽しめる場合が多いです。旅行の工程がシンプルで把握しやすいと、大人も子どももリラックスできるでしょう。子どもたちが親の半径数メートル以内で遊ぶことができれば、親も子どももリラックスできます。

❋いっしょによい時を過ごしましょう。私たちがどんな心持ちでいっしょに過ごせるかは、コミュニケーションに大いに左右されます。子どもたちは大人が自分たちの世界に入ってきてくれると喜びます。いっしょに遊び、ふざけ合い、笑い、飛び回りましょう。けじめをつけなくてはいけない場面では、毅然と、また優しく、注意しましょう。子どもたちが失敗しても笑って、創造性を引き出してあげましょう。成果や競争は忘れましょう。本を出してきて、子どもたちの前で読み聞かせしましょう。読み聞かせは親子の連帯感と愛着を生み出しますし、子どもたちの脳の成長にとてもよいです。携帯電話は端に置いておきましょう。互いを見つめ、耳を傾け、笑い合いましょう。あなたたちができること全てを、愛情に満ちた言葉と温かな抱擁で分かち合いましょう。子どもたちは、大人たちの協力する様を、真似しようとするものです。

❋時間にゆとりを持ちましょう。計画や用事を詰め込みすぎないようにしましょう。子どもたちには自分たちの行動を見届けてもらい、肯定されることが必要ですし、急かされてばかりいると、ストレスになります。子どもたちの時間の感覚は大人とは異なるのに、大人たちの多くが子どもたちを追い立てがちです。休暇中は普段よりも、ゆったり過ごさせてあげるとよいでしょう。休暇中にとらなくてはならない選択肢が少なければ少ない程、よいでしょう。中には、あるとよい選択肢もあるかもしれませんが、休暇中により多くの選択肢があればあるほど、不安とストレスが生まれる危険性があります。

❋ない袖を振ろうとするのは、やめましょう。機嫌よくお金を使えるように、休暇中や週末、自分たちの財布の中身と相談して計画を立てましょう。お金が減っていることについて不満を言うと、よい雰囲気にはなりません。

❋他の家族もいっしょに出かけたり、旅行に行ったりする場合、それぞれの家族が自分たちだけの時間を時々は持てるようにしましょう。お互い子どもを順番で見るようにすれば、カップルだけで過ごせる時間も持てます。多くの子どもたちは、親とだけ過ごす親密な時間により価値を見出します。また、大人1人で本を読んだり、眠ったり、ジョギングしたりして過ごす充電タイムももうけましょう。

❋あなたたちにとって大事なのは何ですか？　子どもにとっても大人にとってもよい休暇にするため、どうすればよいかを考えてみるとよいでしょう。皆でどんなふうに過ごすと楽しいですか？　どんなふうに過ごしたいですか？　あなた方自身の成功の基準を定めてから、予定を立てましょう。

夏の夢と休暇への期待

さあ、待ちに待った夏休みがやって来ましたよ！　過酷な冬の日に、家の端っこを忍び歩きしていた私たち。レギンスやウールのセーターの下の素肌の存在を忘れかけていた私たち。疲れすぎてセックスどころではなかった私たち。くたびれすぎて、楽しく過ごせず、ストレスまみれで、すてきな言葉などかけ合えなかった頃の私たち。子どもの送り迎えに追われ、さまざまなプロジェクトのために残業続きの時、私たちは心の中でこう考えるでしょう。「夏までには……太陽に顔を向けよう。日陰でだらだらしたり、明るい夏の夜に並んで座り、本を思う存分、読んだりしよう。魚釣りをしよう。広い空の下で眠ろう。子どもたちに昔の遊びを教えてあげよう。丘から海に飛び込もう。恋人の手を握ろう。旅行に行こう。新しい経験をしよう。友人や遠方に住む家族に会うのも楽しみだ」

夏がやって来ました。そしてすぐに太陽と暑さと緑の木と色鮮やかな花や休みの日に慣れるでしょう。するとすがすがしい朝を、ネット・サーフィンで無駄にしてしまったり、天気のよい日をみすみすショッピングでつぶしてしまったり、数週間が建築計画で消えてしまったりするでしょう。おそらくガーデン・テーブルとキッチンの間で走っている自分に気づくのかもしれません。ですが、あなたの心はこう叫ぶことでしょう。「休暇をどう過ごそうが、勝手でしょう！」でも口ではこう言います。「もっとレモネードを作ろうか？　いくつほしい？」あなたはレモネードを作るのは楽しいことだと思うでしょう。そう、それはあなたが夏にやりたいと夢見てきたことなのですから。ただ、常にレモネードを作りたいわけではありません。そしてこの先の夏が、冬以上に長く思えてくるかもしれません。するとあなたの意識は、夢の世界に飛んでしまうでしょう。ですが、あなたは自分の夢を覚えていますか？　それとも無意識の中でただ横になり、他の人へのいらだちをただ感じるのでしょうか？

休暇が終わる頃までに、何かわくわくするようなことが起きなければ、夏は色あせ、夢を思い描けなくなるでしょう。そのせいか、あなたは怒りやいらだちを覚えやすくなるかもしれません。あなたに自覚がなくとも、あなたのまわりの人たちが、深いため息をついたり、きつい口調になったり、ぞんざいな物言いをするあなたを見て気づくでしょう。するとまわりの人たちにどうしたのかと尋ねられ、あなたはこう答えるでしょう。「何でもない！」あなた自身の感情に気づかないと、他の人に問題があるのではないかという考えに陥りやすくなります。イライラしはじめる前に、自分のことを振り返ってみましょう。他の人が早すぎるとか、遅すぎるとか、細かすぎるとか、ずぼらだとか、退屈だとか、口うるさいとか思う前に。夢が叶わない時、他人のせいにするのは簡単です。ですが、口に出して言わなければ、あなたが何を求めているのか、まわりの人はどうしたら知れるでしょう？　あなた本人が自覚していないことを、伝えることはできないでしょう。

夏がはじまったばかりで、まだまだ時間がある段階で、あなたの夢を探りましょう。それを他の人に伝えましょう。友人や家族と休暇を過ごすなら、それはあなた1人の問題ではなくなります。あなたが属す『私たち』にも、時間と燃料が必要です。休暇を皆にとってよい体験にするには、ともに休暇を過ごす異なる個々のニーズのバランスをとる必要があります。1人、1人の夢を。カップルの愛の燃料になるものを。子どもたちのニーズを。大人たちの願いを。群れ共通の喜びを。

互いの夢に耳を傾けたら、それについて、皆で話をしてみましょう。皆の期待を少しずつ満たせるように、どんなふうに日程を組んだらいいでしょう？　集団のうち誰が同じことを望んでいるでしょう？　他の人があなたのやりたいことをいっしょにしてくれるなら、別の日には、あなたが他の人に合わせることはできますか？　朝、遅くまで寝ていたいという願望と、夏の朝、早く起きたいという希みを両立させるため、起きてきた人からそれぞれ朝食を食べられるようにしておいてはどうでしょうか？　1人の時間を過ごしたいという願いと、恋人と過ごしたいという願いは、複数の家族で順番に子どもの世話をすることで、叶えられるのではないでしょうか？　家事から解放されたいという願いは、大人と子どもの両方が家事に参加することで叶えられませんか？　これらは単なる例で、道はたくさんあります。一番大事なのは、目を開いて選択をし、一部の人しか幸せになれないパターンに陥らないようにすることです。

夏を当たり前のものと思わないようにしましょう。自分自身と他の人の夢を軽んじないで。皆が自分の夏の夢を少しずつ満たせるよう、互いに寛容に接しましょう。休暇中、あなた自身のことも他の人のことも丁重に扱いましょう。それは皆の休暇で、皆の憧れで、皆が待ち望んできた期間なのですから。

ジェットコースターみたいな日々

休暇が終わりに近づくと、効率性と創造力が求められる労働生活を再び過ごす準備をはじめます。一度休暇が終わると大半の人は自己開発講座やジムや趣味の活動、友人との遊びなど、予定を詰め込みすぎてしまいます。

ペンシルベニア大学のギャル・サウバーマン教授らによる研究で、私たちは仕事にかかる時間を平均40パーセント少なく見積もりがちであることが分かりました。私たちは休養や不測の事態で時間がロスされているということを忘れてしまいがちです。また人生にはいつ中断や妨害が起きてもおかしくないのを考慮に入れるのを忘れがちです。このようにして私たちは、実際の自分たちのキャパシティを超えた予定を詰め込んでしまうのです。

喜びと熱意、成果主義と完璧を求めるプレッシャーで、私たちは自分に厳しくなりがちです。そしてそのほころびが、別の場所に生じてしまうのです。

私たちにとれる最も賢明な手立ては、自分たち自身とその家族を見つめることです。こう自問自答してみましょう。私たちは何者なんだろう？　私たちが持つエネルギーのレベルはどれぐらいだろう？　どんな時に楽しく過ごせているだろう？

ですが、こんなふうに大半の人は問いかけません。自分たちがすること、ありとあらゆる責務について考え、日々の生活をただ送るだけで必死なのですから。他人の方ばかり見て、皆はあれだけできている、何でもなしとげていると考え、だったら自分たちもやらなくてはと思いがちです。このようにして予定詰め込みレースに加わるのです。

私たちは決して怠慢ではありません！　仕事に家事、子ども、家族、友人。基本、私たちは詰め込みすぎなのです。すでに十分すぎる程、働いているのに、セミナーやら、社会人教育やらを受けたり、子どもたちにさまざまな習い事をさせたり。よい親とされるには、子どもの試合の応援に行くだけでは十分ではなく、練習まで見守らなくてはならないのです。「練習を観に行かなかったら、他の親から母親失格の烙印を押されてしまうかも」とかつて私の母は言っていました。こんなふうに私たちは互いをストレスにさらしているのです。父親休暇を目前に控えている人は、赤ん坊とおしゃべりをしたり、家を掃除したり、家族の夕食を作ったりと努力するだけでは、外の世界から信用を得ることはできません。小さな子どもの世話をしながら、仕事を持ち、筋力を鍛え、キッチンを掃除するのが理想の父親とされているのです。

ジョギングをし、ブログを書き、テレビ・ドラマを毎回チェック。最新のトレンドをつかみ、ネットワークを育まなくてはなりません。広告からは「誰もあなたの家を訪ねてこないのは、ダイニングチェアが古すぎるからですよ」というメッセージが投げかけられます。あなたはダイニングチェアを買い換え、友人が訪ねてくるのを、心待ちにするでしょう。

あなたはまわりを見渡し、尋ねるでしょう。「一体どうしてるの?」「どうやったら、こなせるの?」詰め込みすぎの人生を生きることが、心にいいわけがあります。あなたが尊敬する人は、ひょっとしたら私のカウンセリング・ルームに来て、こう言っているかもしれませんよ。「私は機械的にルーチンをこなしているのです」「家庭生活はケア付き高齢者施設のようです」「パートナーのために使う時間はありません」「喧嘩する時間もないのだから、セックスなんてなおのことだ」

私たちはストレスにさらされ、自分自身や互いと触れ合う機会を失うと、どうしたら再び新鮮さをとり戻せるか分からなくなってしまいます。ですが、歯車になる必要はないのです。ハムスターの車輪の上で走る自分たちを見たら、それは行動に移すチャンスです。

一度立ち止まって、あなたたちにとって何が本当に大事か話し合いましょう。大きなお子さんがいる方は、お子さんといっしょに立ち止まってみてください。あなた方はどうありたいですか?何からエネルギーを得られ、何にエネルギーを奪われますか?どれぐらいの活動レベルが、あなた方には合っていますか?回復するまでには、どれぐらいの休憩が必要ですか?あなた方自身について、またあなた方の価値観を知ることで、何を指針にすればいいか分かるようになるでしょう。すると、何にイエスと言い、何にノーと言うか選択できるようになるでしょう。

カレンダーを使いましょう。苦手なタスクは、余裕をもって時間の設定しましょう。もしくは今はするのをやめておきましょう。他のタスクを優先しましょう。時間を少なめに見積もるのはやめましょう。時間がかかることに変わりないのですから。自由時間をとれるようにしましょう。カップルや家族として、いっしょにいることが大事なら、それに集中しましょう。本当に大事なことになら、簡単に時間を作れるものと思いがちで、だからこそ時間の見積もりが甘くなってしまうのです。何を省き、何を優先すべきか決めましょう。そうすれば、一番大事なことに時間を割けるようになるでしょう。あなたたちにとって、本当に大事な何かを。

たかが食事、されど食事

アツアツの新婚夫婦。ビーチでたわむれ合っています。手を繋いだり、水をかけ合ったり、キスしたり、笑い合ったり。だけど、何かがおかしいと私は思いました。2人をビーチで見るたび、こんな様子を目にするようになったのです。

彼女「お腹が空いた」
彼「僕はまだ空いてないよ」
彼女「私は食べたい」

彼「じゃあ、先に食べてて」

そうして彼が泳いだり、本を読んだりと、別のことをしている間、彼女はビーチやカフェで1人で食事をとりました。彼が食べ出したのは、その30分後でした。それを見た私は、2人の未来が心配になりました。その後も2人は毎日、別々に食事をとり、いっしょに食べることは1日たりともありませんでした。数年後の夏、悪い予感は的中しました。2人が離婚したという噂を耳にしたのです。

2人は複合的な理由で別れたのでしょう。それでも私はビーチで目撃した光景を思い出さずにおれませんでした。見方によっては、自立した人たちとか、互いの自由を尊重するカップルに思えるかもしれません。ですが、私から見るとそのカップルは、2人の関係よりも個人を、『私たち』よりも『私』を優先するカップルに見えたのです。いっしょに食事をとらなかったのは、相手に合わせるために我慢する柔軟さが若干欠けていたことや、意思の弱さの現れに思えたのです。よい関係性を保つ上で必要なのは、歩み寄ろうという意思と、順応性なのですから。

何でもかんでも歩み寄る必要はありませんが、ここは歩み寄るべきというポイントはあるはずです。「カップルで別々にジョギングするのはあまりよくないでしょうか?」と相談された際は、いいとも悪いとも言えませんでしたが、食事を別々にとるカップルを見て心がざわめきました。私が気がかりだったのは、2人に食事をともにしようという意思が欠けていたことでした。

文化人類学者のヒラルド・カプランとマイケル・ガーヴェンは、食べものを分け合うことが、人間同士の連帯感を保つことや、私たちの生命を維持する上で、いかに重要かを示しました。複数の研究により、食事を分け合う頻度と、連帯感の強さには相関関係があることが分かっています。オスロ大学の社会学者のトマス・シューベルトは、食事をいっしょにとるグループと、他の共同作業をするグループを観察しました。食事を分け合った人たちは、他の共同作業をした人たちに比べ、団結力が強く、強い連帯感を持つことが分かりました。分け合った食べものの種類か、共同作業の内容で、結果に差は見られませんでした。食べものを分け合うことは、連帯感や結束力に特別な意味を持つようです。

マリ・レゲ教授とアリエル・カリ教授により行われたノルウェーとカナダの共同研究でも同じことが示されています。この研究によって夕飯をいっしょにとる家族は、離婚のリスクが低いことが分かりました。2人の研究者たちはさらに父親の子どもとの関わり方次第で離婚率が変わってくると突き止めました。父親が家族と食事をいっしょにとる時間数が全体平均より15分多い家庭の離婚率は、反対に15分少ない家庭に比べ、30パーセントも低いことがこの調査によって判明しました。いっしょに食事をとるのに時間を使っているカップルは、どうせ元々、関係が良好だったか、他にいっしょに楽しい趣味の活動や遊びをしたりしているんでしょう、と反論する人がいるかもしれません。ですが他の要素を加味しても、離婚率と夕飯をいっしょに食べる時間数には、明確な相関関係が見られたのです。今、韓国では、食事中の様子をライブ配信するのが流行っているようです。このようなライブ配信が人気なのは、韓国も独居世帯が多く、他の人が食べているのを見ながら食べることで、団らん気分を味わえるからでしょう。ヨーロッパ諸国の比較調査によると、ノルウェー人は、食事と料理に費やす時間がヨーロッパで最も少ないそうです。食事をいっしょにとることで、関係性が深まるのを忘れてしまったのでしょうか？　私たちはどうしたらストレスを感じずに、食事時間を楽しめるでしょうか？　以下にヒントを示します。

❋いっしょに食事をとることで、連帯感が生まれます。なので、食事をいっしょにとるようにしましょう。

❋食事をいっしょにとることの方が、どの時間に食べるかよりも大事です。

❋食事時間は、人生のさまざまなフェーズで見直せます。

❋夕食と朝食、どちらも連帯感を生みます。

❋いっしょに食事するのは、必ずしも家である必要はありません。野外で食事を作るのも、カフェやベンチで食べるのもよいでしょう。

❋小さな子も、料理の手伝いができます。練習すればするだけ、うまくなります。大きくなれば、1人で夕飯作りを任せられるようになるでしょう。

❋携帯電話を見ながら1人でステーキを食べるより、互いの目を見て、チーズのオープンサンドを食べた方がおいしく感じるでしょう。

❋食事は週に何度かいっしょにした方がよいでしょう。

お金か生活か！

「僕は寝室の壁を青くしようかと思ってるんだ」と彼が言いました。

「え、どうして？」と彼女は言いました。「他の部屋と同じ、グレーにするはずじゃなかった？」

「ああ、でもちょっと考えてみたんだけど、青い部屋で寝るのって空に浮かんでいるみたいで気持ちよくないかい？」と彼は言うと、期待に満ちた目線を彼女に送りました。

「話し合うだけ無駄ね。この家の持ち主は私だってこと、忘れないで」

私がカップル・セラピーをはじめた時には、このような会話を耳にすることはほとんどありませんでした。ところがここ数年で、珍しいことではなくなりました。一方が家を所有し、もう一方が家賃を払う。一方は豪華な旅行に行ける金銭的余裕があるのに対し、一方は、家にいなくてはならない。一方は高価なデリを買い、もう一方はスーパーで安いお惣菜を買う。『私たちの』車とか『私たちの』家という言葉を聞く機会は、近年では減ってきていて、『私の』家とか『私の』別荘という言い方の方をよく耳にするぐらいです。大多数の人がそうなわけではありませんが、このような傾向が顕著になってきているように思えます。複数の調査で、財布を一にする夫婦が減ってきていることが分かったと聞くと、やっぱりなあ、と思います。

パートナーとして、または夫婦として、連帯することは、2人の個人でいる以上のことです。それは『私たち』でいることなのです。なのに経済的なとり決めにより、2つの別々の個人だと宣言してしまうと、連帯感が損なわれかねません。それが私たちの望む安定した永続的な関係性なのでしょうか？ 自分たちはいっしょにいるんだ、私たちは互いを支え合うんだという感覚――それがいわゆる愛です。だとしたら、愛する人と財産を共有するのを躊躇する理由などあるでしょうか？

ベルギーの心理学教授、パウル・ベルハーゲは、『私はどう？』(*What about me?*)の中で、ここ10年のネオリベラリズムのイデオロギーは、経済だけでなく私たちの人格にも変化をもたらしたと指摘しています。教授は、私たちがより強迫観念に駆り立てられ、自分中心になったこと、また個人は集団に勝り、競争は連帯に勝るという社会通念ができつつあるとしています。

信頼の度合いは、その社会がどれぐらい問題なく機能しているかを示すバロメーターです。家族にもこれは当てはまると私は考えます。私たちが互いをより信頼していればいる程、いっしょにいるのが楽しくなります。ところが信頼し、愛着を抱いてきた両親や恋人や他の人たちから裏切られる経験をしたことのある人が多くいます。信頼を裏切られて大きなショックを受けた経験がある人が、心と財布を開くのに臆病になるのも無理はありません。時代の思潮は私たち個人に影響するため、必ずしも大きな裏切りを経験していなくても、他人を信頼しにくくなることもあるでしょう。この時代の思潮は、誰かを信じるのは危険だ、裏切られた時のことを考慮に入れるべき、とささやくのです。私たちは幸せな人生を送りたいと願いながらも、お金に一目散に飛びつきます。ですが1人でお金を持てば持つほど、孤独で不幸になる危険性が増します。

ハーバード・ビジネススクールのマイケル・ノートンとエリザベス・ダンの研究により、私たちは自分にお金を使うよりも、他人にお金を使った方が、喜びを感じることがはっきりと示されました。幸福になりたければ、分け合うことが一番です。良好で緊密な関係は、幸福感情に大きく影響するという事実は、恋人とお金を分けるべきであることを示す十分な根拠になりうるでしょう。ですが、どのようにお金を分ければ、自由を感じながら、信頼や未来への希望をも増幅させられるでしょう?

消費エコノミストは、共同出資者全員が同じ額を出し合い、自分が使うお金はそれぞれで管理するよう、しばしばアドバイスします。とはいえ、当事者の収入がいっしょでない限りは、このような分け方では、格差が生まれ、関係性に亀裂が入ったり、悪感情が生まれたりしかねません。だったらむしろ逆のことをしましょう。共通の出費は、収入に応じて負担しましょう。出費を払い終わった後、各人が使える額は同額になるようにしましょう。1人50クローネだろうと、数千クローネだろうと、後は好きなように使ってよいのです。自分たちのことを、互いによい共同生活をできる限りのことをして築こうとするチームと考えてください。家事、子どもの世話や掃除のような日々の生活を送る上で必要なタスクの多くは無賃労働です。

チームであることを忘れ、お互いを競争相手と考えてしまうカップルは、すぐに互いに優劣をつけがちです。「家事はほとんど私がしているのよ」と一方が言い出すと、もう一方はこう言い返すでしょう。「君はほとんど家にいないじゃないか」

「あなたの給料が高ければ、もっと私は家にいられるのに」と一方が反撃し、もう一方はさらにこう言い返すでしょう。「でも私は社会に役立つことをしているんだから、あなたよりずっと立派でしょ」

自分たちはチームだという心構えでいるようにしてください。謙虚になりましょう。あなたが一家の家計を主に支えていようと、家事を主に担っていようと、自分の方が相手より偉いと考えないようにしましょう。チームに貢献できるのを幸運だと思いましょう。今のあなたに可能性を与えてくれた相手の全てに感謝しましょう。つまり、互いを対等に扱い、ほんの少し尊敬の目で見ることが大切なのです。お金を分け合うことで、それを行動で示せるのです。

肌と肌が直接、触れ合う時、抱き合い、温もりを感じ合う時、
私たちが愛し合う時に生まれる献身と完全なる親密さに
多くの人は、心からの愛を感じるのです。

第10章 タッチと欲求

「キスしておくれ」と小さく言う母に、私はかがんで、キスをした。すると、階段の上から君の「うげぇー」という声がする。僕の耳には届いていたんだよ、ダーヴィッド。聞こえていたし、見えていた。私は想う。手の温もりは、世代から世代へ受け継がれるものなのだと。君がいつか君の妻となる人にキスし、優しく接するなら、それは私が母親にしたキスや優しさが巡り巡ったものだと信じたい。そして君がいつか、君の子どもに毛布をかけ、ほっぺにそっとキスするなら、それは幼い君を寝かしつける際、なでていた母親の手の温もりが、君の次の世代に引き継がれたのだと。私は君や他の人を優しくなでながら、これからもこの世界で生き続けたいんだ。他に望みなんかない。

『環(めぐりめぐる) 1』
カール・フローデ・ティーレル

ぎゅっと抱き寄せて

子どもたちがまだ小さくて、床に常にものが散乱していて、洗濯物がいつも溜まっていた頃、夫が私にある条件を課しました。夫にとっては、その条件は腑に落ちるものでした。それは午後の20分間、毎日、ソファでくっついて寝るというものでした。生きる上でそれが不可欠だと彼は言うのです。私は夜まで待てないのかと聞きました。子どもが寝静まって、私たちも1日のタスクを全て終え、ぐったりして何もできなくなるまで。「駄目だ」と彼は言いました。自分たちはこれまで、1日中、活動していたと。新たな仕事にとりかかる前に、少しの休息が必要だと。そしてその休息は、2人でくっついてとるべきだと。何時間も離れ離れだったのだから、再び触れ合うべきだと。

私はすぐには同意できずにいました。私は常に自分たちにはやるべきこと、やっておいたらよいこと、先にできることがあると思っていたのです。急な来客時に、キッチンがごちゃごちゃだと困りますし、子どもと遊んでやらずに、ソファで寝そべっているなんて、親としてどうなんだろう？と思いました。他にも、電話のプラグを抜いておくなんて、ちょっとよくないんじゃ？誰かが電話してきたらどうするつもり？大事な知らせが入るかもしれない、とも心配になりました。「心配ばかりしていても仕方ないだろう」と彼は言いました。「ほら、ソファで寝よう」

まわりで子どもたちが遊ぶ中、ソファで横になりました。部屋はしっちゃかめっちゃかで大騒ぎ。そんな時、子どもたちはよく私たちの隣でいっしょに寝て、くつろいだりするか、まわりでジャンプやダンスをしたりしました。特にお気に入りの遊びは、子どもたちを大人に、私たち親を子どもに見立てて、子守歌を歌ったり、物語を読み聞かせしたり、もうそろそろ起きる時間だよと起こしたりすることでした。

互いの体に触れたり、抱きしめたり、キスしたりしていた当時は、オキシトシンが自分たちの体を巡っていることなど、つゆほども知りませんでした。オキシトシンは愛を保つのを助けてくれます。オキシトシンにより愛着と親密さと信頼が生まれ、それによって相手のサインを読みとりやすくなります。オキシトシンの分泌を促すことで、ストレスへの耐性が高まり、心が落ち着き、緊張が和らぎます。ストレス・ホルモンであるコルチゾールの量が減り、血圧が下がり、痛みが緩和されます。当時の私たちは、1日中、体に触れ合ったり、いっしょにもっと寝ようとしたりしていたカップルは、セックスレスを早期に克服しやすいと示す調査を知らなかったのですが。短い休憩や、昼寝の重要性について伝える研究も私たちは知りませんでした。小休止をとった方が、脳の働きがよくなることも。休憩をとることで、クリエイティビティが増し、思考がクリアになることも。休んだ後、その日1日、はつらつとするだけでなく、夜、ぐっすり眠れることも。体を休めたり触れ合ったりすることで、温厚で前向きになれることも。トレーニングで成果を出したければ、合間合間に体を休めることが必要ということも。

今の私はそのことを嫌という程、分かっていますが、その頃はほとんど知りませんでした。言い出しっぺの夫も、自分の提案の何の裏づけも持ちませんでした。その時私がもしも「研究資料を見せてもらうまでは、嫌よ」と言っていたなら、彼の腕枕で寝る今の私はいないでしょう。

研究結果という証拠がなくても、体に触れ合うことや一緒に休むことが大事なのは明らかです。それは自分自身の体のバロメーターをよく感じればすぐに分かります。数分間、添い寝し、時に少しうたた寝すれば、私たちは少し心が軽くなり、ちょっとの遊び心が持てて陽気になり、少し頭が冴え、少し人の話に耳を傾けられ、少しクリエイティブで、少し温厚になり、少し落ち着いて、少し連帯感が増すでしょう。そしてあなたたち自身にとって、また子どもたちにとって、さらにお互いにとって、よい自分でいられるでしょう。

せわしない毎日の中で、私は自分を鼓舞してきました。自分自身と『私たち』をぎゅっと抱きしめられる自分になろうと。子どもたちは父親と母親にも、2人だけの時間が必要で、その間は少し待って、自分で何とかしたり、一緒に少し休息をとってみたらいいということを知りました。仲睦まじい親の姿を目の当たりにしたことで、子どもたちは安心感を覚えました。私たちはそれ以来、自分たちのことを明日に先延ばしにするのを止めたのです。

今ではもう子どもたちがまわりで飛び回ってはいませんが、午後ソファの上で寄り添う習慣は続いています。私が結婚生活について皆さんにできる最良のアドバイスの1つは、実は夫の主張だったのです。そのアドバイスは、今はあなたたちのものです。どうか受けとって、ご自由にお役立てくださいね。

愛の魔法

大雨の日、私はクライアントを出迎えるために、職場のビルの階段を大急ぎで駆け下りていました。ドアまであと数歩のところで、窓ガラスの向こうに立つカップルの姿が目に入りました。男性の方は頑丈そうな傘を広げ、女性にもたれかかっていました。女性が背伸びをしています。傘の下で2人は唇と唇を重ねました。私は誰かがキスしているのを見ると、大抵、嬉しい気持ちになるのですが、その日はいつも以上に胸が熱くなりました。ドアの向こうに立つそのカップルは、それまでしばらくうまくいっていなかったからです。そのキスは、2人が正しい道を歩みはじめていることを私に教えてくれたのです。

カップルが問題を解決しようとしているか分かる非常に特別な印があります。それは身体と身体が触れ合っていることです。肩を寄せ合ったり、キスしたり。タッチは、修復と仲直りのサインです。お互いに腹を立てている人たちは、近づこうとしません。これは結婚生活にいさかいや不協和音が生じると、肉体的、性的な触れ合いが失われることの背景の1つです。身体的接触が見られるからといって、必ずしも何もかも順風満帆で、カップル間で全ての意見が一致しているとは限らないのですが、カップルが苦難を乗り越えられると信じているというシグナルではあります。相手を受け入れ、心を開き、いさかいや意見の不一致を水に流そうという。

キスはカップルの関係性を示すバロメーターになりえます。うまくいっていなければ、キスなどなかなかできないでしょう。ですがジョン・ゴットマンの研究によると、キスやハグをすればする程、いさかいや苦難に直面した時、乗り越えられるチャンスは増すそうです。うまくいっているカップルは、他のカップルに比べて意見の不一致が少ないわけではなくて、よい感情を生むようなことを多くしているのです。ケース・バイ・ケースではありますが、大半の人たちにとってキスはプラスの影響をもたらします。「毎日キスしましょう！」とゴットマンは推奨しています。キスがカップルの関係性に魔法をかけるのに、最低でもどれぐらいの間キスしたらいいのか、具体的な分数（ふんすう）を彼は計算で導きだしました。答えは、６秒でした！　だったら、愛のちょっとした魔法を仕掛けない理由はないでしょう。

グリム童話でいばら姫を１００年の眠りから目覚めさせ、カエルを王子に変身させたのが、キスだったのはきっと偶然ではないでしょう。キスに魔法の力があるということを示す完全な科学的根拠があるわけではないのですが、キスをする時に分泌される信号物質やホルモンが、この魔法の鍵であると考えられます。キスをすると、脳にドーパミンが放出されます。快感を司る脳内の部位でドーパミンを受けとると、快楽と報酬を受けとったという感情が膨らんでいき、その体験を繰り返したくなります。キスはすればするほど、ますますしたくなるのです。さらに重要なのは、キスはカップルにとって非常に重要なホルモンであるオキシトシンを放出させる引き金となるということです。このホルモンは授乳の時に、母親と子どもに分泌されるのと同じ物質です。オキシトシンは信頼と親しさを生み、愛の絆を強固にします。絆を結びたくない相手でも、キスしてしまうと、オキシトシンとドーパミンの分泌が促され、カエルが王子に見えてくるのです。なのでキスの相手は選びましょうね！

つき合いはじめは、大半のカップルがしょっちゅうキスしますが、段々と頻度が減ってくるのが普通です。セックスするチャンスはあるのに、やめてしまったカップルは、ディープキスもほとんどしなくなるでしょう。ディープキスは、セックスの前戯と受けとられがちなので、相手に誤った期待を持たせたくなかったり、相手がしたくないと分かっていたりする場合には、セックスに誘っていると思われたくなくて控える人も多いかもしれません。ですがキス＝セックスになってしまうと、セックスしたくない人は、キスも躊躇してしまうでしょう。するとキスもしなくなってしまいます。ですが、セックスの前戯としてでなくただただキスをするカップルは、そのようなキスをしないカップルよりも、愛し合っている場合が多いです。愛の魔法を使いましょう。6秒間のキスをしましょう。6秒とは限らず、何度も！　キスは愛の絆を保ってくれます。キス自体が、よいものなのです！

キスについてのトリビア

❋「キスしておくれ！」この文は、オスロの旧市街で見つかったヴァイキング時代末期の骨に刻まれていたものです。ほぼ世界中のどの時代にも、人々は互いにキスをしてきました。

❋キスをセックスより親密なものと捉える人が多いです。

❋キスは概して男性よりも女性の欲情を促します。

❋初めてのキスで、関係が終わってしまうカップルもいます。私たちはキスを通して、無意識の情報をたくさん送ります。キスした相手が、あなたと遺伝子的に合わなければ、付き合いを続けたいとはなかなか思えないでしょう。

❋キスとタッチはストレスホルモン、コルチゾールを減少させ、気分をよくします。このことは心理士で研究者のベアテ・ディッツェンが51組のドイツ人カップルに行った研究などにより分かりました。

タッチの流儀

セックスは避けたいもの、キスはなるべくしたくないものになってしまうと、セックスしたいという欲望や親密さが生まれることはめったになくなってしまうでしょう。小説『違う。違うってば』の中でニーナ・リュッケは、主人公のイングリッドについてこう書いています。「週に1

度ぐらい、イングリットはヤンと寝た。その後、彼女は、想像上のリストからキスを消す。そうすると、ちゃんとした気がするのだ」

恋に落ちたばかりの時は、お互いすぐにセックスする心構えができています。ですが、日常に押し流され、愛する人の裸体を毎秒、1日中、考えるようなことはなくなり、心配事やストレスで頭がいっぱいになると、新たな角度からスイッチを入れる必要が出てくるでしょう。

私はローマにいます。ローマでは真冬でも、ノルウェーのイースターの時みたいに、ぽかぽかしています。人々は噴水の前やオープン・カフェ、階段の上などで日向ぼっこしています。ネクタイを緩め、ジャケットの袖も少しまくり上げています。さんさんと日が照る中、1組のカップルが壁にもたれて座り、少しおしゃべりをすると、身を寄せ合い、黙り込み、やがて目を閉じました。彼女の肘が、彼の膝の上に乗せられています。彼は彼女の透明な肌を、ゆっくりと指先でなでます。その刺激で彼女が高揚しているのが見てすぐに分かります。しばらくすると交代し、今度は彼女が彼をなでる番です。

このカップルを見れば、タッチが快楽を誘うかどうかなど、研究するまでもありません。ですが、ある研究により、タッチがいかに重要か、私たちの肌がどんな種類のタッチを好むのかが分かります。

タッチの中には、他のタッチに比べて格段に気持ちのよい種類のものもあるということを、触覚を司る神経についてのスウェーデンの画期的な研究が示しています。これらの快楽神経は、人間の肌接触についての情報を感情を司る脳の部位に伝達します。

その研究により、快楽神経は非常にゆっくりした刺激に反応し、また軽いタッチを好むことが分かります。動きが激しすぎたり、早すぎたり、遅すぎたりすると、快感は得られないようです。1秒に1~3センチの速さで軽くなでると、快楽神経が活性化され、温かな感情と協調性がもたらされます。これらの神経を呼び覚ますには、2、3カ所なでる必要があります。タッチする手の温度は温かくても、冷たくても駄目です。私たちは、体温と同じ温度で触られた時に、一番快楽を感じます。私たちの神経は、他の人からのタッチに、特別な反応を示すよう微調整されています。

触っている相手が誰だと思うかによって、同じように触られても、反応が変わってくることを示す研究もあります。

バージニア大学の心理学教授、ジェームス・コーアンの研究によって、誰とも手を繋いでいない時に比べて、誰かと手を繋いでいる時、よりリラックスすることが分かっています。また同時に、知らない人の手を繋ぐのか、非常に親しい人の手を繋ぐのかでも大きな差が生じることも分かりました。親しい人と手を繋ぐ時、私たちの心はより落ち着きます。

快楽神経については、何もかも解明されているわけではありませんが、触れることで、ごく親しい人同士の絆が強まることが分かっています。リンショーピング大学の臨床神経科学教授でこの分野の第1人者であるホーカン・オーラウソンは、私たちがタッチを気持ちよいと感じると同時に、エロチックと見なす場合もあると述べました。彼は、触れることはエロチックな感覚を引き起こすだけでなく、官能的な感情をも高めると考えるべきだと、言い直しています。

このスウェーデンの発見は、性生活に問題を抱えるカップルの治療に長く使われてきた種類のセラピーと共通点が見られます。これは感度トレーニングと呼ばれるもので、簡単に説明するなら、一定期間、性交はせずに、代わりにお互いを順番になでるというものです。与え手と受け手を交互に体験することで、感度を高め、性交をしたくない人も、リラックスする機会を得ることができます。

このような親密さへのアプローチは、性生活に問題のないカップルにとっても有益です。これは新鮮さや喜び、より一層の親密さを生む源泉となりえます。性交が2人の関係性のごく一部でしかなくなる日が訪れる前に、時間をとりましょう。

体全体をゆっくり、軽く触ってみましょう。肌接触により与えられる感情や、タッチを感じる練習をしましょう。どこをどう触られると、気持ちがよいですか？　あなたの恋人は何が好きですか？　触る側と触られる側を交代しましょう。あなたの手が相手の肌に触れる部分、または肌の触られている部分に意識を向けましょう。今に意識を向け、集中しましょう。時間をとりましょう。これらの神経が活性化されるまで、ゆっくり触れられる必要があるのと全く同じで、新しい寄り添い方に慣れるのにも時間が必要です。

愛したいように愛しましょう

多くの人がセックスをあまりしたくない理由は、決まって性機能と性的能力に自信がないからです。私たちはセックスについて話す時、セクシャリティを道具と認識しがちです。セックスは、することであり、うまくなることだと。ベッドの上に目標をおかなくても、世の中には達成可能な目標がたくさんあります。『お互いを愛する』という言葉を形骸化させないために、実行することから、楽しむことに意識を向けてはどうでしょう。肉体的にも精神的にも、私たち自身の内面や互いに意識を向けるのです。肉体的に近くありたいという欲求は、セックスをしたいという欲求以上にかけがえのないものです。それは愛の表現なのです。

セクシャリティを表す言葉も変わってきました。以前は、『寝る』とか『愛し合う』という言葉が使われてきました。1982年にはセックスという言葉は、ノルウェーの新聞に出てくる頻度、上位1万語にも入っていませんでした。ですが今はその頃より、『セックスする』とか『やる』といった表現がよく使われるようになってきています。この表現からもわかるように、セックスについて話す時、愛に目を向けるのはそう容易ではなくなってきています。現代人は第3者がいなくても、1人でできる活動をより心地よく感じるようになってきています。セックスという言葉が性を指すのに対し、『寝る』とか『愛し合う』といった言葉は、官能性や感情を指します。言葉が変わってきたのと同じ時間軸で、性交の頻度や性欲も減ってきたことを示す調査も増えてきました。

誰かを愛するというのは、互いに愛し合う以上の意味を持ちます。セックスをあまりしなくても、良好な関係を築き、大きな愛を感じるカップルはいます。ですが、愛を表現したり、愛されていると感じたりする上で、セクシャリティと官能性が非常に大きな意味を持つ人も多いようです。愛を最も身近に感じるのは、相手の肌に直接触れたり、抱き合って互いの温もりや、肌を触れ合わせる時や愛する時に生まれる完全な私的さ、親密さを感じたりする時です。私は愛やセクシャリティについて、実にたくさんの人と話をする中で、非常に多くの人がそのように感じているという印象を受けました。ですが、時々、そう言うのを奇妙なことと捉える風潮も感じます。セクシャリティは愛から生まれるものなのに、なぜか生理学的ニーズとしてのみ捉えられがちです。するとセクシャリティが愛の表現、愛の再確認にどれだけ大きな意味を持つか、認識しにくくなるでしょう。

私は片方が身体の接触を望んでいるのに、長期間、それが叶わないカップルと話をすることがあります。そういう人のパートナーは、こう言うものです。「セックスがそんなに大事なら、もっとしたのに。私にとってはそんなに重要じゃなかった」その人自身が、体の触れ合いを強烈な愛の言葉と捉えていなければ、相手にとってそれがどれほど重要か理解しにくいかもしれません。身体の接触を求めることが、セックスをただ求めているだけと見なされるのであれば、次の30歳の人のような思考に陥りかねません。「快楽と抱擁を求め、月1回よりも頻繁に寝たいと願っている自分は、エゴイストなんじゃないかと思えてきた。私はしつこいと思われたり、配慮を欠いていると思われたくないんだ。セックスできなくて、がっかりしている自分が、卑しい人間に思えてくる」

恋人に拒まれた時、感じる胸の痛みは、肉体的なニーズが満たされないことで傷つけられて感じる痛みではめったにありません。心の傷は、愛がほしい、愛を与えたいという願いを拒まれた時に覚える感情の延長線上にあります。何度も拒絶されると、辛くなってキスや抱擁、タッチを自分からは求めなくなるかもしれません。拒絶されても傷つかないように、心に鎧をまとうのです。

恋人との関係性にエロチシズムが欠けている時、一番求められるのは、性交ではありません。そのことを示す調査は複数あります。私たちが愛し合う時、得るのは肌の接触、温もり、親密さだけではありません。恋愛感情に意識がほとんど向かなくなると、恋人に性的欲求を感じなくなる人が多いようです。ハグしたり、優しい言葉をかけ合ったりすることなく、1日がすぎていきます。ですが夜が来ると、セックスしたくなります。セックスしても、肉体的、精神的な温もりは感じられません。するとこの関係が愛のない冷え冷えとしたものに思え、性欲も湧きづらくなるでしょう。

あなたは硬いシーツに私を強く押しつける
服をまとった魂と、裸の体で

歌手のアニャ・ガルバーレックはそう歌い、セックスは愛と無縁なものだと示しました。この文脈で『セックス』という言葉を使うことはできても、『愛』とか、『愛する』という言葉は使えません。おそらく、愛し合う2人の間でセックスについて話をする時、『愛する』という表現を使うのがはばかられるかどうかは、私たちの欲求と親密さの度合いによるのでしょう。恋人があなたと寝たいと言ってきたら、セックスしたいんだな、とだけ受けとらないようにしましょう。むしろあなたに愛を与えたい、あなたと近づきたい、愛されていると感じたいという欲求と捉えてはどうでしょう?

相手の体の全部位にゆっくりと慎重に触れましょう。愛し合いながら、互いの感情について話し、笑い、少し冗談を言い合いましょう。オルガズムに達しようと意識しすぎるのはやめましょう。するとあなた方の距離は近づき、欲求や快楽を保てるか、高めることができるでしょう。あなた方はひょっとしたら、セックスするというよりも愛することだと――与えられ受け止められるというよりも与えて受け止めることだと――性欲を満たしたというよりも、愛の表現だと感じるかもしれません。温もりや肌の感触から得られる、強いエネルギーを感じとりましょう。愛する人と愛し合いましょう！

あなたがくたくただったり、他に何か障壁になることがあったりするのなら、ありのままに受け止めましょう。それらは尊重するべきです。恋人が近づいてきたのに、背を向けたり、避けたりするのは、やめましょう。こう言ってはどうでしょう。「あなたが私を愛そうとしてくれて嬉しい。あなたはとても魅力的だね。ただ今は残念ながらできないの。でも横になるのはいいよ。あなたの肌の温もりを感じるのは、すごく気持ちがいいから」セックスしたいあなたへ。怒らないで。こんなふうに言いましょう。「君がとてもすてきできれいだから、すごくしたい。でも横になって、くっつくのも気持ちいい」そうすればあなた方は互いにキスしたりタッチしたりして、これからの性生活に希望を感じられるでしょう。

今夜は駄目

ご機嫌の彼。今日の仕事は絶好調。長らくとり組んでいたプロジェクトもようやくお終い。彼は強くなったように感じています。キッチンで彼女の首をなで、抱き寄せ、キスしようとしました。ところが彼女は身をよじって避けます。キスはお預けです。彼が接触を試みるたび、いつもこうなのです。心に鈍い痛みが走ります。彼はテーブル・セッティングしますが、家に持ち帰ってきた喜びは、すっかり影を潜めてしまいました。「夕飯だよ」と子どもたちを呼ぶ自分の声がいらだって聞こえます。「どうして僕のことを愛し続けてくれないんだろう？」そんな考えが彼を苦しめます。

準備が全て整うと、ようやく終わったと彼女は思いました。髪をセットし、化粧し、一張羅のドレスに着替えました。子どもたちは、おじいちゃん、おばあちゃんの家にお泊まりに行っています。夫妻だけで外食に行き、ワイン・グラスを交わします。互いの瞳を見つめ合います。おしゃべりをし、笑い、未来への夢を分かち合います。彼女は彼と心が近づいたように感じ、嬉しくなって、期待に胸を膨らましました。ところが家に戻ると、彼女がベッドに入る前に、彼は眠ってしまいました。彼女は枕に顔を埋め、声を押し殺して泣きました。「どうして彼は私のことをもう求めてくれないんだろう？　浮気してるのかしら？」

拒まれるのは、辛いことです。拒む方も、心が痛むでしょう。セックスを避けてしまう理由は様々です。そしてそのことについて話をしないと、大ごとになり、理由を解明するのが困難になるでしょう。『今夜じゃない』が、『今週じゃない』に変わると、フラストレーションが溜まります。『今月はちょっと』が『今年の前半はちょっと』に変わると、距離が生まれます。身体的な距離ではなく、心の距離が。

私はめったにセックスしないカップルをごまんと見てきました。お互い納得の上なら、気に病む必要は1つもありません。両者とも原因を知っていて、しばらくしなくてもいいと合意に至っているのなら、それでいいのです。ですが、ブランクが空くことで、肉体的接触を持ちたくても持てなくなることが、よくあります。

先述の女性は、男性が浮気しているのではないかと、すぐに不安になったようですね。ですが、彼が夜、眠ってしまうまでは、うまくいっていたということは、彼が眠ってしまったのには他に原因があるのではないでしょうか。男性の中には勃起不全の人もいますし、早漏や遅漏の人もいるでしょう。または疲れていたり、ストレスを感じていたり、相手からの期待をプレッシャーと感じている場合もあるでしょう。男性が引いてしまうような性癖を、女性側が持っていることもありますし、男性側が自分の体に不満を持っていることもあるでしょう。恋人にそのことをなかなか話しづらい人もいるでしょう。しばらくすれば、どうにかなるだろうと思うかもしれません。ですが、放っておいてどうにかなることは、めったにありません。

前述の男性は、奥さんにもう愛されていないと感じたようです。彼にとって身体の接触は、強烈な愛の言葉でした。彼が愛されていると強く感じるのは抱きしめ合い、キスし、いっしょに寝る時でした。彼は彼女の感情をとり違えているのかもしれません。彼女の反応がないのは、彼が想像しているのとは別の理由からかもしれません。彼女が彼のことを好いていたり、愛したりしている可能性は高いです。むしろ彼女の方が愛されているという自信がないのではないでしょうか。彼女は彼が仕事ばかりに気をとられて、自分のことを構ってくれていないと感じているのかもしれません。

彼女はもっと会話をしたいとか、家事や育児にもっと協力してほしいと思っているのかも。または身体の接触を、男性が女性に与えてくれるものというよりも、男性ばかりが享受するものと捉えているのかもしれません。それで抱きしめられると、避けようとするのでしょう。それか疲れていたり、体調が悪かったりするのかもしれません。抱きしめるべきは子どもだと思っているということもありえます。抱き合ってしまったら、さらにその先を期待されかねないと警戒しているのかもしれません。

セクシャリティは恋人同士の火種になりやすいデリケートな問題です。何を気に病んでいるのか、聞かない限りなかなか分かりません。私たちは隙あらば聞き、それにあえて答え、相手の答えに進んで耳を傾けるべきです。ピンチが訪れた時に相手がいなくなってしまわないと信頼していればいる程、その危機について話をしやすいでしょう。

あなたは避けられている方ですか？　それなら「どうしたの？」と穏やかな口調で聞いてみましょう。相手を糾弾せずに、理由を尋ねましょう。相手が体に触れてきても、セックスの誘いだとは受け止めずに、まっすぐに受け入れましょう。

避けているのは、あなたの方ですか？　それなら、原因を見つめ直してみましょう。恋人と落ち着いて話をしましょう。相手の体に触れて、セックスに誘っていると受けとられやしないかと怯えているのなら、そう言いましょう。身体の接触を変わらず図りましょう。

セックスが難しくても、タッチや会話はやめないで。やめてしまったら、いよいよ互いに背を向け合ってしまうからです。言葉と肌で触れ合う限りは、セックスを再開できるチャンスは常にあります。

大事なのは、まわりからどう見られるかではなく、いっしょにいてほっとできるか

「いっしょに夏休みを過ごせて嬉しいよ」と彼は言いました。「太陽の下で、1日だらだらしたいと思っていたんだ」

「海に行くのは気が重い」と彼女が言いました。「もうおばさんだもの」

「そんな、君はきれいだし、すてきさ！」と彼は言いました。彼女は彼を見つめ、彼の言葉に耳を傾けました。でも言葉が頭に入ってきません。

「よく言うわね！」と彼女は言いました。「お腹は出てるし、肌もたるんでしまったわ。ビキニなんて、とても着られない」

「でもね、いいかい」と彼は言いました。「大事なのは、まわりからどう見られるかじゃないさ！大事なのは君がくつろげるかどうかだ！　体に自信がないってだけで、楽しい夏をみすみす手放すつもりかい？」

　彼女の表情が緩んだので、彼は思い切って言葉を続けました。「君と海に行くのが楽しみなんだよ！　君がせっかく海に行くのに、不満そうにしているのは、おかしいだろう。僕はありのままの君を愛してる。君と楽しい夏が過ごしたいんだよ。いっしょに思う存分、遊んで、ビーチで横になろうよ。スタイルのことなんて、気にしないで、さあ！」

体や容姿についてネガティブな発言をする人が多すぎます。私たちがどんな見た目かに拘らず、背が高かろうと、低かろうと、痩せていようと、太っていようと、ダイエットしようと世間は騒ぎすぎです。私たちが簡単に変えられるのは体型ではなく、体に対する考え方や言葉や、どうしたら自分自身の体に自信が持てるかです。

ティーンであっても大人であっても、男性は恋人の体をポジティブに捉えています。むしろ女性たちの自分の体へのジャッジが厳しすぎるのです。男性が女性たちを褒めれば、2人の心と心が繋がって、笑顔があふれ、互いに体を見せ合うようになるでしょう。ですが、いくら言葉が本物で、愛に満ちあふれていても、一方が心のドアを閉じることもあります。女性が恋人からの褒め言葉を受け入れない時は、愛が冷めているからではなくて、自分に自信がない場合が多いのです。

男性が「君はきれいだよ」、「そのままで十分すてきだよ」と言っても、女性が納得しない場合が多いです。彼はありとあらゆる言葉や写真で、彼女の体がすてきだと伝えようとするでしょう。子どもの頃やティーンの時にぼろぼろになった彼女の自尊心をとり戻そうと、彼は必死になるでしょう。または元彼から言われたひどい言葉を、そんなことはないとフォローするでしょう。それに彼女の女友だちや、母親や祖母が自分たち自身、また彼女について蔑んだ言葉に。やがて体以外の別のところを褒めたり、励ましたりし出して、最終的にはさじを投げるでしょう。すると彼女はますます自信を失い、こう思うでしょう。「彼は私をもう好きじゃないの?」体をネガティブに捉えることが、性生活によい影響を及ぼすことはめったにないでしょう。いっしょに寝る時、彼女はガウンを羽織ろうとしたり、部屋を暗くしようとしたりするでしょう。自分の体は醜いという考えで頭がいっぱいになってしまっているのです。いつか痩せたら、整形手術をしたら、妊娠線が消えたら……。そうしたら何もかもうまくいく、新しいワンピースを買おう、もっと頻繁に寝よう。明るい日の下でビキニになって、夜はセックスをしよう。

不満というのは常に後から後から出てくるものです。私たちが痩せることを生涯目標とし、その目標を達成しない限り幸せとは思えないなら、幸せな人生が訪れる可能性は、日に日に減っていくでしょう。年をとればとる程、次第にしわが増え、スタイルも崩れてきます。ですが年をとればとるほど、聡明さを身につけ、ありのままの自分を受け入れ、人生をより謳歌できるようになります。

男性の方は女性以上に、自分の体に満足していないので、いつか痩せたらすべてうまくいく、という考えに共感する男性も多いでしょう。分析会社YouGov社により行われた世界調査で、ノルウェーは自分の体型や体重に満足している人の割合が最も少ない国であることが分かっています。18歳から34歳の女性の45パーセント、男性の34パーセントが自分の体に不満を持っていたのです。

せっかくの素晴らしい人生を、体への不満というフィルターを通して見るのは、もったいないことです。人生を謳歌しましょう！　あなたはこの世界で生きているのです！　誰かがあなたを褒めてくれたなら、その幸運を受け止めましょう。肩の力を抜いて楽しみましょう。食べて、飲んで、笑いましょう。腰回りの肉を落としても、お日様が一層注ぐわけではありませんし、肌のしみがなくなったからといって、いちごを美味しく感じるわけでもありません。腿が引き締まったところで、セックスが気持ちよくなるわけではありません。目を閉じて、髪に風を感じましょう。顔に太陽の光を感じましょう。あなたの肌をなでる恋人の手の感触に意識を向けましょう。どう見られるかばかり考えないで。自分がどう感じるかに意識を集中させましょう。

世界一の恋人

「彼のどこが好きですか。教えてください」私はカウンセリング・ルームの椅子にもたれ、尋ねました。彼女はソファの上で正座して、恋人の方に振り返りました。

「あなたは世界一の恋人よ」と彼女は言いました。

彼は笑うと、少し顔を赤らめました。「本気で言っているのかい？」

「ええ。あなたはとてもすてきな人よ。あなたについての本を書いてほしいぐらい」

彼は笑って、「正気かい？　君は僕をいつも束縛して、買い物さえも自由にさせてくれなかったじゃないか！」

「それはよくないわね。でも私はあなたを独占したいの」と彼女は笑いました。

彼女は私の方に向き直りました。「ねえ先生、彼のことについて本に書いてくださいませんか？皆、彼から色々学べるはずです！」

「僕の何がそんなにいいんだい？」と彼は言いました。

「それは自分が一番よく知っているはずよ。この間のこと、話してみてよ！」と彼女は言うと、足でほら、と彼に合図しました。

「ああ、いいよ」と彼は言い、ほほ笑みました。

「一番のポイントは、おそらく、僕が世界一の恋人でいようなどとは、これっぽっちも考えていないことです。そんなふうに意気込むものじゃない。今、改めて考えてみると、僕は3つの点を心がけているように思えます。

1つ目は、レディー・ファースト。これができなくなったら、もうお終いだと思っているんです。我先にと思うようになったら、僕は空しくなって、セックスなんてせずに、ただ1人でだらだらしていたくなるでしょうね。よいセックスをしたければ、彼女を気持ちよくさせることを優先するべきだと僕は知っています。ですが義務感は覚えません。僕は彼女を刺激して、快感とエクスタシーを感じさせることに、大きな喜びを感じているんです。それは僕にとっても快感なんです。僕は手と舌の両方を喜んで使います。そして僕は彼女の中に入ります。もうすぐ僕がイク番だな、と感じます。イッたら、一休みします」

「私も全く同じことを思っていたのよ」と彼女は言いました。

彼が彼女をまっすぐ見つめ、しばらくすると彼女はこう続けました。「あなたと寝ると、愛しているんだと実感できるの！　あなたが欲情して、興奮して、先にイクのを見るのが好きなの！　愛は与えること。私たちが愛し合う時、私は本当に、心の奥の奥をあなたに見せているように感じるの」

2つ目は、対等であること。君が私を受け入れなくても、それは大したことじゃない。君が上の空でも、自分の見た目がよくないなんて、文句を言っても。必要なのは、ギブ・アンド・テイクさ。ただ寝そべっている人を、一方的に愛せないよ」

「じゃあ、私にどうしてほしい？」と彼女は尋ねました。

「簡単なことさ。リラックスして、気持ちよいと思っているのを表現してほしいんだ。それに自分の見た目のことばかり考えない。それに僕が中に入っている時に、君も自発的に快感を得ようとしてほしいんだ。君に刺激を与えるのは、僕だけの責任じゃない。セックスは2人の共同作業なんだ。それに君がイッた後も、しばらくいっしょにくっついていよう。それか、僕のを触るか。君が背を向けたり、もうできないと言ったり、僕1人残されたりすると、ひどくがっかりしてしまうんだ。どの時代にも女性たちが感じてきたようにね。

それにセックスが3分で終わるなんて、考えられないよ。少しおしゃべりして、深刻にならずに、冗談を言い、時間をかけよう。セックスは2人でするものさ。試合みたいにならずに、よい雰囲気になるようにしよう。セックスの後は、人生で最良の時間だ。くっついて横になり、まどろんだり、おしゃべりしたり、音楽を聴いたりして、楽しい気分でいよう。夜中遅い時間でなければ――次の日が仕事でないなら、裸のままキッチンに行き、飲みものか、ちょっとした食べものをとってくるのが好きなんだ。セックスの後程、素晴らしい時間はない」

「その通りね」と彼女は言いました。「私たちは信じられないぐらいすてきな会話をたくさんしてきたわよね。でも言葉を必ずしも交わさなくてもよいわ。いっしょにのんびりできさえすれば。私は目が冴えてしまって、寝付くまで時間が少しかかった。だけどあなたの隣でくっついているのは、すごく気持ちがよくて、体の緊張が次第に和らぐのを感じたわ。一度眠れれば、セックスしない日よりも、ぐっすり寝られるの」

「ああ、僕も同じだよ」と彼が言いました。

「友だちにはめったにセックスしないって人が多くて、すごく気持ちいいのに、とはなかなか言えずにいるの。だからそのことを書いたらいいんじゃないかって思ったの。友人たちは疲れてセックスする元気がないって言うの。でも私たちの考えは逆なの。疲れていても、セックスはする。セックスはリラクゼーションなのよ。器械体操するみたいに、がちがちにならなくていい。むしろ忙しい毎日を送る私たちのストレスを解消し、心を満たし、距離を縮めてくれる」

彼女は自分の夫のことを『世界一の恋人』と呼んでいました。私がそのカップルを一番いいなと思ったのは、成果よりも快楽に意識が向いているところでした。大半の人たちは、夜が来る頃にはくたくたです。そんな中で、ベッドの上でも有能さや成果を求められれば、したくないと思うのも当然です。テクニックやオルガズムについては気にせずに、いっしょに戯れ、くつろぎましょう。何も考えずに、リラックスして、楽しみましょう。性生活はプライベートなものです。あなたたち独自のやり方を追求しましょう。そうすることで、愛し合うことは、エネルギーを奪うのではなく、エネルギーを与えてくれるものだと感じられるでしょう。私の好きな詩で、この章を終えたいと思います。

長いテキーラの夜の後で
私がそれを、あなたがこれを、私たちが与えた

君は酔いどれ
僕も酔いどれ
僕らがいるのは
まるで北の熱帯

君は女

僕は男
2人は燃えてる
同じだけの熱を帯びて

僕は男
君は女
さあ、行こう
熱い夜を過ごそうぜ

オイヴィン・バルグ（ノルウェーの詩人）

愛は何にでも耐えられます。
でも1つだけ、耐えられないことがあります。
それは、無視されることです。

第11章 愛の時間

ぼんやりとした青い6月の晩、
僕たちはキッチンのドアの前に座って、野外の冷たい空気に触れていた。
そして僕たちの目に映る全てのものが、二重の生命を帯びていた。
それは僕らが同じことを肌で感じとっていたからだ。

ご覧――湖畔が
沈みゆく日没の王国となり、赤く輝いている。
そして古い銀細工のように光っているのは
穴で反響する悲鳴。

そして門を取り囲む生垣は、
まるで新しい花飾りのようだ。
花飾りは風に吹かれてかすかに揺れている。
風に息を吹きかけられ、急かされているみたいだ……

君よ、僕のそばにおいで
キッチンのドアの前に！

人間がともに生きられるのは
ほんの一瞬だけなんだから。

ハンス・ビョーリ（ノルウェーの詩人・作家）

あなたはどこにいるの？

晩、週末、長い休み、祝日。家族や恋人、友人といられる時です。皆が待ちわびた日。いっしょにいるのを。いっしょに話をするのを。何かをいっしょに体験するのを。分かち合うのを。楽しい時が訪れるでしょう。連帯感、親密さ、人生の絆が生まれます。ですが時に、私たちが楽しみにしていたその時間が、期待程、親密でも楽しいものでもなくなる時もあるでしょう。心のシャッターが閉まることで。それはとても辛いことかもしれません。2人が心のシャッターで隔てられてしまったのは、今この瞬間に集中できず、どこか別のところに意識がいってしまったからかもしれません。今に集中するというのはいつの時代も人類にとっての難題でした。古代の文章には、今この場に集中するというのことが、いかに難しいのかが書かれていました。ですが現代ほど、今ここに集中するのが困難な時代はないのではないでしょうか？　逆説的な話ですが、私にそれができるようになったのは、世界で最も忙しい街の一角でだったのです。そこはマルチタスクや意識を分散させることが可能だと信じられていない場所でした。

　ニューヨークには伝説的なジャズ・クラブ、ヴィレッジ・ヴァンガードがあります。ノルウェーの散文作家のヤン・エリック・ヴォルドは、舵をとっていた船がニューヨークの港に着くや、一目散にグリニッジ・ヴィレッジ地区にあるそのクラブに行ったと言います。そして私たちもそこに行こうとしました。期待をもって外に列をなして並び、暗くてかび臭い地下に続く狭くて急な階段を、わくわくしながら下りていきました。椅子の座面の赤いパイル地、壁一面に飾られたジャズ界のヒーローたちの写真。クラブの支配人が、舞台に上がります。

「ここは音楽を愛する人のための場所です！」と彼は言いました。「私たちはここに音楽を聴きに来たのです！」とも。

「飲みものはコンサートがはじまる前に買っておいてください。携帯の明かりが見えたら、つまみ出しますよ。いいですか、私たちはここに音楽を聴きにきたのです！」何に集中するべきかは、火を見るよりも明らかでした。

　私は指図(さしず)された気がして、少しイラッとしました。ですがコンサートがはじまると、その明確なアナウンスに感謝しました。

　暗い地下で魔法のようなひとときを過ごせたからです。私たちは音楽を100パーセント堪能できました。サクソフォンの繊細な音色までも。ほんのかすかなドラムの音も。ピアノの低い和音までも。ベーシストの軽やかな弦さばきまで。魂や心に響かなかった音は何1つなかったのです。私たちがそこまで音楽に集中しなかったなら、同じように聞こえたでしょうか？　きっと同じではなかったでしょう。いえ、正確に言うなら、同じではなかったと断言できます。なぜならそれは音楽家だけでなく、音楽家と観客による共演だったからです。観客も一体となって音楽を作り上げたのです。いっしょに聴くことで。ともに体験したのです。そうして音楽以上のものが生まれたのです。それは連帯でした。

私たちはしばしば連帯を夢見ます。誰かに見てほしい、誰かに耳を傾けてもらいたいと。触れ合いたい、互いを身近に感じたい、共通の経験がした後で、話がしたい。話のきっかけになる話題がほしい。

ネット空間では、意見を交換できるだけでなく、不安も押し寄せますし、時間もとられます。ボタンを押すだけで、世界と繫がったような気分になります。私たちは目の前が見えなくなります。携帯画面をのぞき込み、今この瞬間、目の前にある現実ではなく、携帯電話の中の世界に夢中になります。視線の先にあるのはお互いでなく、携帯電話です。意識はお互いではなく、携帯電話に向かいます。目の前の世界から遠ざかり、近づこうとしても、近づくことのない世界に近づこうとします。こうして孤独が生まれます。誰かといっしょにいるのに、私たちの多くが感じている孤独。きっと私たち皆に、ニューヨークのジャズクラブの支配人のような存在が必要なのでしょう。私たちの肩にちょこんと座るいらだたしいおじさんが。彼は言うのです。「ほら！　あなたは今、ここにいるんだよ！　向こうじゃない！」

ほら、そこのあなたも！　子どもを見つめて。子どもたちは来年には1歳年をとってしまいます。来年には今とは違ったことをするでしょう。行動も、しゃべり方も変わってきます。子どもたちの言葉に耳を傾けて。今。

ほら、そこのあなた！　今、あなたは母親を訪ねているのですよね。じゃあ、お母様と話をしてください。「話してますよ」とあなたは言うかもしれません。いいえ、話してません！　6分に1度、携帯をチェックしているではありませんか。あなたがそのままずっとそこにいても、お母様はあなたといるとは感じられないでしょう。

ほら、そこのあなた！　今は親戚との団らんの時。子どもたちも、おじいさん、おばあさんもいます。来年には、誰かがいなくなっているかもしれません。今がお互いの話を聞けるチャンスなのですよ。

ほら、そこのあなたも！　パーティーは今です。ちょっとメールをチェックするだけだから、とあなたは言うかもしれません。でもその間にも、スピーチは続いています。駄目です！　携帯は我慢して！　せっかく招待してもらえたのですよ。あなたにもパーティーを盛り上げる責任があります。

あなたは恋人といっしょにいます。あなたの投稿に、誰かがコメントをつけてくれました。でも待ちましょう。電話が鳴っているって？　それでもまだ待つのです。あなたの恋人を見つめましょう。彼女の日々の笑い話に耳を傾けましょう。彼の肌の温もりを感じましょう。あなたが望むものの大半は、ここにあります。あなたのすぐ隣に。

あなたは今、ここにいるのです。ここにいましょう。ここではない、どこかではなく！　あなたが何のためにここにいるのか、忘れないで。目を見開いて、耳を澄ませて。尋ねましょう。話しましょう。『私たち』とは、ともに築き上げるものなのです。こうして、私たちが心の奥底で探し求めているものに、たどり着けるのです——それは、人間同士の絆です。

注意についての事実

話をしている時に、テーブルの上に携帯電話が置かれている場合、携帯電話が視界に入っていない場合に比べ、会話の満足度が下がる——バージニア工科大学の研究者がそのような調査報告を出しました。携帯電話がある場合は、ない場合に比べて、相手の共感を感じにくく、自分も親しみや熱意が湧きにくくなります。携帯電話から音が鳴っていなくても、同じ効果が見られました。

テキサス州のベイラー大学の研究により、70パーセントの人が恋人が携帯電話の使いすぎで、自分のことを邪険にしていると感じていると分かりました。

ノルウェー経済大学が行った調査で、私たちが携帯電話を6分に1度チェックしていること、またそのうち半分は、何の用事もないのにただ気になってチェックしているだけだと分かりました。

私たちはラジオを聴きながらモップがけをすることもできますし、友人と話をしながら散歩もできます。ですが、恋人と話をするのと、携帯でメッセージを送ることのような、2つの類する行動を同時にしようとすると、混乱してしまいます。非常によく似た活動をする時、互いに重なる脳領域を使わなくてはならなくて、脳は脳細胞のネットワークを巡って競り合うのです。

ヒント：スマホ置きを使う家庭が増えています。棚か鉢か何かに、スマホを置くのです。そして一定時間、スマホをチェックしたり、メッセージに返信したりするのを、皆で一斉にお休みします。こうすることで、一家団らんの時間を携帯に侵食、分断されずに済むのです。

2人で何をしようか考える

彼女：「あなた、前みたいにいっしょに何をしようか考えてくれないのね！」
彼：「ああ、もう嫌になったんだ」
彼女：「なぜ？」
彼：「前はいつも僕が考えてた。君から何も言ってくれなかったね。だったら僕から何も提案せずにいたら、君がいつか自分から何か言い出すのだろうか、と様子を見ていたんだ」

恋人講座で、相手が何かイニシアティブをとってくれた時に、それに気づき、その優しさに応えることがいかに大事かについて話をしました。休憩時間に1人の女性が講師である私たちのところにやって来て言いました。「残念ながら、相手が率先して何かを提案してくれることはないんです」

喧嘩など特別、何かあったわけではないのに、友情が終わる時が時々あります。それはいっしょにいて楽しくないからではなく、互いを誘ったり、何かいっしょにしようよと提案したりすることがなくなるからです。

あなたはひょっとしたら、自分だけが友情を大事にしていると感じているかもしれません。招待したり、何かすることを思いついたりするのは、いつもあなただけだと。するとあなたは、もう自分の方から働きかけるのはやめにして、相手が何か提案してきてくれるのを待とうと思うでしょう。ところが、何も起きません。するとあなたの心はずきんと痛むかもしれません。友人が自分のことを気にかけてくれていないと感じるかもしれません。ですが、そういった場合、友人が無関心なわけでは必ずしもありません。友人はあなたが次々とアイディアを出してきてくれるのに慣れてしまっただけかもしれません。あなたが誘うのをやめると、友人はもう自分に興味がなくなったと思うでしょう。あなたが何か言ってきてくれなくなると、あなたも友人も傷つき、どちらも誘いづらくなるのかもしれません。

同様のことが、多くの恋人関係で起こりえます——一方だけがイニシアティブをとるのが、パターン化することが。ある男性は、恋人を好きになったのは、彼女が話題に事欠かず、いつも愉快なことを思いつくからだと言いました。彼は自分はそういったことが苦手だと分かっていて、彼女が責任を負ってくれるのを嬉しく思っていました。彼の恋人はこう打ち明けてくれました。「初めはそれほどおかしなこととは、思っていなかったんです。彼が聞き上手で、私の提案全てに賛同してくれるのは素晴らしいと思っていたんですよ。今もそう思う部分はありますが、段々と、常に会話を導き、いっしょにいる時もリードしなくてはならないことを悲しく、苦痛に感じるようになりました。私は自分を受け入れ、耳を傾けるだけでなく、互いに働きかけ合うことのできる同志を必要としているのです。私の方から一方的に与えるばかりでは、退屈ですし、どうでもいいと思われている気がしてきました」

あなたが恋人にもっとイニシアティブをとってほしいと望んでいるのであれば、対処法は複数あります。相手を責めることなく、あなた自身の感情について話をし、何が起きているのか、どんな変化を望んでいるのかを具体的に伝えてみましょう。「私はあなたのことがとても好きだし、あなたと話すのも、あなたといっしょに何かするのも好きだよ。あなたは私が以前程、あまり話さず、あれこれ提案しなくなったことに気がついているよね。私はあなたにも考えてほしいんだ。

それで今度は私が、いいよって言ってみたいんだよ」他のアプローチ法としては、彼/彼女が先導してやってくれた楽しい体験をいっしょに振り返ることです。たとえば、こんなふうに言ってはどうでしょう? 「あなたの会社から借りたサマーハウスに行った時、楽しかったよね。覚えてる?」またはあなたは協力を求める形で、さりげなく相手のリードを促すこともできます。「今週末、何がしたい?」あなたが何を望んでいるのかを具体的に言うのが一番であることが多いです。「月に1度いっしょに何かする日を作らない? それで、毎回、交代で何をするか考えるの。どうかな?」

恋人からそんなふうに問いかけられたら、真剣に受け止めましょう。なぜなら、退屈とイニシアティブの欠如は、恋人関係にとって、喧嘩と同じぐらい大きなリスク要因だからです。ニューヨーク州立大学のイレーネ・ツァペラスとアーサー・アーロンは、123組のカップルを16年間に及び追跡調査し、退屈が恋人関係の最も大きな危険因子となりうることを明らかにしました。退屈は人間関係から活気を奪います。私たちは少しの退屈にはある程度、耐える必要があります。退屈は内的な理解や創造性の両方をもたらしうる人生の一部なのです。でも人生が同じような日々の繰り返しにならないように、注意が必要です。

研究者のヘレン・フィッシャーは、退屈を避け、ポジティブな感情を再びとり戻すのに脳に何が必要なのかを示しました。それは驚嘆(ワンダー)と新たな心地よい体験です。これは私がセラピーで実際、目にする事例と一致します。自身の関係性にポジティブな連帯感をもたらすカップルは、困難な事柄について話すことと並行して、関係性を再び立て直せる可能性が高いようです。いっしょに楽しいことをするのを優先するカップルは元々、関係が良好だったということもありえますが、私が見てきた事例では、必ずしもそうとは限りませんでした。長続きするカップルは、関係性を保つのに、努力が必要な逆境にあるカップルでした。

互いにもっと時間をとるようにすれば、相手が何をするのか、あまり気にならなくなるでしょうし、どちらも不平を持たずに済むでしょう。関係性に実際、どんなヒビが入ったのか話し合うことで、心地よい瞬間を守るべきです。話し合うことで、後で2人の間で話の種になることや2人にとって役に立つことをするとよいでしょう。

日々の習慣に変化と驚嘆（ワンダー）を加えるのはよいことですし、そうしたちょっとした努力で、大きな変化が生まれるものです。私と夫は新年に立てた目標を1年間守ってきました。それはスーパーに行く時、毎回、それまでに買ったことのなかった食材を買おうというものでした。この小さなアイディアが私たちに新たな衝動と、新たな食べもの、新たな話題と、笑顔をもたらしてくれたのです。もう少し大きな努力をするのも悪くありませんが、ここでは、大勢の人に有効な2つのヒントを示します。まずは2人で参加できる活動を見つけましょう。たとえば、セミナーやダンス（カップルでペアを組める講座にしましょう）トレーニングやコーラスなど。または家の中でも外でもいいので、恋人らしい夜を過ごすようにしましょう。一方は、いっしょにすることを考える担当、もう一方はそれについて行く担当になりましょう。驚嘆（ワンダー）はアドレナリンとドーパミンの生成を促します。驚嘆（ワンダー）がよい効果をもたらすのは、おそらくそのせいです。恋人らしい夜を過ごすのは週1でも、2週間に1度でも、月に1度でもよいでしょう。アテンド役と乗客役を交代でしましょう。子どもを見てくれる人がいないのであれば、一緒に連れていってもよいでしょうし、子どもが寝てから、恋人らしい夜を過ごしてもよいでしょう。

愛を軽視しないで

「愛があれば何でも耐えられる」と言いますが、本当でしょうか？　私が出会った多くのカップルは、苦楽をともにしてきました。そのうちの多くが言います。「苦悩が訪れると事前に知っていたなら、私たちの愛は持ちこたえられなかったんじゃないか」たとえば、家を火事で失うとか、破産するとか、病気になるとか、失業するとか。子どもが病気になった人や、子どもを亡くした人もいました。私のクライアントは、それらの苦難を乗り越えてきました。「息子は長い間、深刻な病に苦しんできました。それは精神的にも肉体的にもこたえることでした。ですが私たちは何が重要かを見極め、よいこと、素晴らしい瞬間を見据え、心待ちにすることで乗り越えてきました。そうして息子は病を克服しました。これで万事快調といくはずでした。初めはうまくいっていました。ですが、次第に、日々を慈しむことも、平凡な毎日がいかに貴重かをも忘れてしまったのです。その代わりに仕事、トレーニング、家や家具の修繕、ショッピングに費やす時間が増えていきました。全ては順風満帆に見えました。表面上は。ところが重要なことを見失ったことで、愛は消えてしまったのです」

愛は強靭です――私たちが思っているよりもずっと。でも1つ、愛があっても耐えられないことがあります。それは軽視されることです。そして大きな重荷を背負った時、愛は見落とされがちです。それは奇妙なことではありません。困難に立ち向かう方法はさまざまで、それゆえ互いにすれ違いが生じます。人生が私たちからすり抜けていってしまう時には、愛を見過ごしがちです。私たちは考えます。明日こそ、週末こそ。休暇中にやろう、来年にやろう。でも、私たちが日々することが――常にする選択が、私たちの人生になるのです。

私たちは愛を忘れる時、愛から逃げる時、ひどい態度をとって愛を踏みつける時、愛を軽視します。いくら愛が強靭でも、長い間、軽視されて耐えられるわけではありません。どんな関係性も、恋人関係も、他の親しい関係も、一方だけが、愛を守ろうとするのでは、長続きしません。1人で人間関係を保てる人などいないのです。ですが一方がもう一方より愛を支えなくてはならない期待も訪れるでしょう。私たちはどうしたら愛を軽視せずに済むのでしょう？

広告は、愛は赤い薔薇や、レストランでの夕食、見知らぬ国への旅、光り輝く指輪だという誤った認識を私たちに植えつけます。ですが、そうではないのです。愛とは、ゴミ出しをすること、夜中寝ずに病気の子どもの看病をすること、冬に車のタイヤを替えること、冷蔵庫にあるもので夕飯をこしらえることなのです。

ノルウェーの詩人、アルフ・A・セーテルは『学び』という聡明な詩を書いています。

愛を伝えたいなら
エクスタシーについて話をしないで
あなたはいつも自分の町ばかりにいて、
私とめったに会うことはないのに

たまに会えば
平日に1万歩、歩く話をして、
したり顔をするのは止めて

愛とは、あなたが選んだものを、抱きしめようという意志です。目指すべき港のある方向を見失わず、恋人が魅力的にウィンクする時、恋人という船が明かりを点滅させる時に、あなた自身の明かりも点滅させることです。嵐や悪天候でも、航海をやめないことです。

愛するのが上手な人はとても多いです。そういう人たちは、灰色で辛い時期にも、愛から逃げません。仕事の後は一目散に家に帰ります。家族に尽くし、稼いだお金は全て、家族に使います。一番大事なのは、寛容であることですが、お金がない時には思わぬ軋轢が生じやすくなります。ほとんどの場合、気づいたらそうなっていたのでしょう。少しの注目を向けることを私たちは忘れがちです。なぜならそれを新鮮味のないこと、不必要なこと、無駄にお金がかかることだと思ってしまうからです。今の私は愛していると言ったり、あなたに花を渡したり、あなたの手を握る必要はありません。以前はそうしていましたが。私たちには子どもたちも、家も、大きな愛もありますが、小さなことは必要としていません。それはまるで私たちが、ささやかな日々のロマンスのエッセンスをまぶすと、愛は小さく、悪いものになると思っているかのようです。ですが、それは誤った推論です。ロマンチックであること、イコール、愛ではありませんが、それでも愛には、ほんの少しのロマンスが必要だからです。

「私はバレンタインデーや結婚記念日、他に覚えておかなくてはならないさまざまな記念日が嫌いです。これはロマンスの押し売りです」とある男性が言いました。「私は恋人を愛しています。プレゼントも喜んであげますし、家具も自分で作りますし、家の修繕もしますし、彼女が病気の時や、くたくたになった時には、家事を一手に引き受けます。彼女が出張の時は、いつも以上に急いで家に帰ります。彼女との散歩を楽しみ、毎日、いっしょに寝ます。でも記念日については、いいとは思えないのです。だってそれじゃ強制ではないですか。ニューイヤーよりも窮屈に思えます」多くの人がそのように感じているようです。パートナー両方が特別な日をロマンチックに過ごすのにアレルギーがあるようなら、問題はありません。ですが、片方だけが記念日を盛り上げようと頑張ってしまうと、空回りしかねません。

あなたが右記の男性のようなら、恋人にそれを伝えるのが賢明でしょう。相手に叶いもしない夢を与えないようにしましょう。相手に別の日に楽しいことをしようと伝えるか、記念日と聞くと、反ロマンチシズムに駆られると伝えるとよいでしょう。ですが、あなたが記念日をおろそかにして、穴埋めに別の日にほんの少しロマンチックに過ごそうともしないなら、それは問題です。あなたがロマンチックなことのイニシアティブをとるのが苦手なら、尚のこと、恋人があなたに記念日をもう少し気にかけてほしいと願うのも無理はありません。

「時間がない」と多くの人たちが言います。ですが、そんなのはただの言い訳です。横に並んで映画を観るのと、それぞれの部屋で映画を観るのでは、かかる時間は同じです。恋人の瞳を見つめ、すてきな言葉をかけ、手を伸ばし、相手の頬をなでるのに、どれほどの時間がかかるというのでしょうか？　ですがロマンチックに過ごすには、相手に注目すること、それに勇気が必要です！

もしもあなた方に勇気がないなら――あなた方がめったにロマンチックに過ごさないなら、あなたの思いと行動はかけ離れたものになるかもしれません。あなたはしたくないのではなく、トレーニングを受けていないために、恥ずかしがっているか、慣れていないか、相手がよい反応を示してくれる自信がないのかもしれません。もしそうなら、思い切って、勇気を出してみましょう！　手遅れになる前にやってみるのです。振り返り、こんなふうに言う羽目になる前に、実行に移すのです。「彼がしてくれていることをいかに評価しているか、ちゃんと口に出して伝えておけばよかった……」「もっと彼女に時間を投じておけばよかった」「もっと彼に注意を向けていればよかった」

ささやかな贈り物を渡すことや、映画館やレストランでのデートは、日常に変化をもたらし、関係性のスパイスになります。それ自体が愛だからでなく、それが愛を示す――「私はあなたが好き。私はもっとあなたと時間を過ごしたい。私たちにはお金を投じる価値があると思う！」と伝える手段だからです。

あなたが選んだ愛にもう少しエネルギーを注いでください。そして無意識的にしろ、強く意識するにしろ、とにかく日々、愛を守るために闘ってください。

「この30年間で
僕が3つの異なる家庭を持っていたなら、
同じ成長を3度経験するのみで
何の進歩もなかっただろう」

第12章 ずっと恋人

光

親愛なる人よ、あなたが私に見せる全ては
――他の多くのものと同じく、思慮を欠いた――
私には理解できないかもしれない
あなたが私のことを愛してくれなかったら

見知らぬ国を目の前にした時のように
私は不安になって、答えることなく立ち止まるだろう
私のあなたへの愛が
私にとって、私の手の中の明かりのようでないなら

その光は私を先へ先へと導き、私を招き入れ、
私の存在を遠くまで知らしめるだろう
愛は盲目というのは真実ではない
愛は賢知をもたらすのだ

ハルディス・モーレン・ヴェソース

もう1度、恋に落ちる

帰りの船を待つ間、私たちは桟橋のそばをうろうろしていました。『私たち』の居場所を見つけると、温かな家の壁にもたれかかり、顔に太陽の光を感じ、笑い声を上げ、ほほ笑み、キスしました。すると突然、ある声が私たちの間を引き裂きました。「あなたたちってお似合いね。一生、仲良しでいられそう！」私たちは顔を上げました。ちょっと恥ずかしくなり、困惑して。すると自転車に乗った10歳くらいの女の子が視界に入りました。女の子は大きな声で叫び、手を振り、嬉々とした表情で自転車をこぎ、行ってしまいました。

誰かが私たちを——私たちが何かをいっしょにしているところを、目にしました。私たちを目にしたその誰かの言葉で、私たちは互いを——『私たちカップル』を再認識しました。その出来事は謎に満ちているのと同時に、予期せぬもので、ドーパミンの分泌を促し、恋愛感情を呼びさますものでした。

全ての恋が愛に変わるわけではありません。でも、もしも愛に変われば、一生その愛は続く可能性があります。恋愛関係には、深い愛着と、相手が自分たちのためにそこにいてくれているという安心感が含まれます。意志と温かみを持って、秋の嵐も、冬の日も乗り切らなくてはなりません。同時に、春と夏は私たちの中にあるもので、愛と情熱は、テンポも強さも、さまざまです。

長い共同生活に打ち寄せる波のように。
私たちはどのようにしたら、互いを魅力的に思い、性的欲求を感じられるでしょうか？　そんな時は、プルーストの言葉に耳を傾けてはどうでしょうか。「真の旅の発見は、新しい風景を見ることではなく、新しい目をもつことにある」

何かを目で捉え認識するには、相応の距離をとる必要があります。自転車をこいでいた例の女の子の視点から自分たちを見ることで、私たちは自分たちが何者で、何を望んでいるのかを知れました。他人から見られることで、自分たち自身のことを外から捉えることもできるのです。私たちが何を考え、何を夢見、何を待ち望むかに、情熱は左右されます。長期的な関係において情熱を保つには、恋人のことを少し距離を置いて見つめる必要があります。常にそばにいるのではなく。

誰かがあなたたちをペアと見なし、あなたたちがうまくいっているかどうか聞いてくるのなら、あなたたちは恋人と見なされているということです。たとえばあなたたちをパーティーに誘ってくれる友人や、あなたたち両方に会うために家を訪ねてきてくれる人、恋人ともいっしょに散歩に誘ってくれる職場や、あなたたちが手を繋いで通りを歩いているのを目にした全く知らない人たちも。

トレーニングやコーラスやクイズやパーティーのように、同じ活動にいっしょに参加する時、あなたたちの喜びは倍になるでしょう。あなたたちは待ってもらえ、いっしょに受け入れられます。あなたたちはまた互いを見つめ、相手が世界を歩いているのを目にし、恋人を誇りに思うでしょう。ベルギー系アメリカ人のカップル・セラピストのエステル・ペレルは、さまざまな国の人たちに、「恋人にどんな時、欲望を感じますか?」と尋ねました。答えはこうでした。恋人が魅力的で、自信に満ち溢れている時。

欲望を感じるのが、家であることもあれば、外であることもあります。彼は恋人のどこが好きなのか? いつ彼女は彼のことを好きなのか? 答えは1つではないでしょう。状況を探りましょう。彼が大工仕事を好きなら、彼のたくましい姿や、集中している姿を見つめましょう。彼が子どもと遊んでいたら、それに気づきましょう。彼が森でジョギングしている時、その体を見つめましょう。彼がお客さんと話をしている時、耳を傾けましょう、電話で彼の声を聞きましょう。彼が相手をどんなふうに説得するのか。彼が教師をしている学校に行き、彼の反応を見ましょう。パーティーにいる時、彼を見つめましょう。彼がどんなふうに歩いているか。彼がどんなふうに話をするか。他の人が彼をどんな目で見ているか。

彼女が写真を撮るのが好きなら、どんなふうにカメラを構えているか、集中しているか、彼女の一挙手一投足を見つめましょう。コンサートに行き、彼女が歌っているところを見ましょう。彼女があなたにとって、特別な存在だと、その目で確かめましょう。彼女が子どもたちにおとぎ話を読み聞かせしている声に、耳を澄ませましょう。職場まで彼女を迎えに行きましょう。ジムで彼女を見つめましょう。踊る彼女の体を見つめましょう。彼女が他の人と話す様子や表情や、手振りを見つめましょう。

愛の感情は――互いに対峙する2つの要素は、遠くても、近くても、育めます。私たちの脳はよく知っていて、頻繁に目にするものを好むという側面があります。私がよく家を空けていた時期、夫は私にこう言いました。「そんなにしょっちゅう出かけてしまうと、君のことを少し忘れてしまうよ」私はびっくりして、こう弁明したのを覚えています。「そう。でも、電話で話をしているし、ショートメッセージだって送り合っているでしょ」「ああ、だけど、少し忘れてしまうよ」と彼は言いました。彼の言葉を聞いた私は、状況を変えるため、何か手を打たなくてはならないと気づきました。現代的なコミュニケーション法では、私たちの心は近づかなかったのです。

他方で、距離が恋愛感情を生むと言う人たちもいて、そういう人たちはそれゆえ恋人が少し離れたところまで通勤したり、旅に出たりするのを好みます。「あなたがいない時、あなたを一番近くに感じる。君が近くにいると、何かが遠ざかるんだ」とノルウェーの作家トール・ヨンソンは書きました。ヘレン・フィッシャーの研究もまた、互いに離れている時や、互いを失う危機に立たされた際、愛を強く感じるものだと示しました。私が言いたいのは、別れようと脅したり、相手を嫉妬させたりするのが賢明ということではありません。そうではなくて、恋人の存在を当たり前と思わないように自分に言い聞かせることが大事なのではないでしょうか。恋人が突然いなくなるのを想像したからといって、私たちの感情がそう簡単に愛に向かうわけではありません。温かな感情をできる限りキープするためにどれぐらいの距離と親密さが必要かは、さまざまです。そのため、カップルがそれぞれの形を見つけるまでにはある程度、時間がかかります。

ヘレン・フィッシャーは何十年もいっしょにいて、今でも恋愛感情を抱いていると言うカップルの研究も行いました。これらのカップルの脳をCTスキャンで見てみると、最初の頃程ではなくとも、いまだに互いに対してポジティブなイメージを抱いていることが分かりました。長続きする良好な関係を抱いてきたカップルは、愛のよい面に注目し続けており、ネガティブな面に目を向けないようにしていることが分かりました。これらのカップルは互いに対して強い共感を抱き、自分の感情をコントロールしたいと強く意識していることも分かりました。そういう人たちは、その日、嫌なことがあっても、他の人の誘惑があっても、流されません。

他の人があなたの恋人を見るように、あなたも恋人を見てみてください。あなたが慣れてしまったその人も、他の人から見れば新鮮で素晴らしい人かもしれません。恋人が輝いているのを見つめ、光を捉える人になってください。

よい感情が自然と生まれるのを待たずに、自分からよい感情を求めましょう。恋人を外の世界に連れ出しましょう。他の人たちにあなた方の存在を知らせましょう。どのような状況で、あなたの恋人は、その人らしくいられ、くつろげますか？　彼／彼女を探し、気づきましょう。遠くから見つめましょう。古い思い出を記憶に留めましょう。恋に落ちたばかりの頃の気持ちをとり戻しましょう。旅をし、音楽を聴き、食事をし、映画を観て、写真を現像に出しましょう。相手が好きそうな新しく意外性のあることもしましょう。そして恋人を自分から誘いましょう。恋人の誘いに乗りましょう。イエスと言いましょう。好奇心を持ちましょう。相手のことを全て知っているとは思わないで。そうすれば、また愛を見つけられるはずです！　完全に新しい愛でなくても、お互い驚き、夢中になれるような愛。あなたたちだけに固有の深い愛を。

熟慮する

私が感謝することについて話した際に、ある女性がこう聞いてきました。「夫が食洗機の中の食器を食器棚に移してくれた時に、一々お礼を言わなくてはいけないって、本気で言っていますか？　やるのが当然ではありませんか？」

「ええ」と私は答えました。「言うべきだと思いますよ。言わないってことは、家事を分担するのは当然ということですよね。ですが恋人がいてくれることは、当然ではないのですよ。恋人が役割を担ってくれるのも、当然ではありません。そのような日々のささいなことに、あなたが感謝の言葉を伝えることで、彼が食器を棚に戻してくれたことだけでなく、他の多くのことにも、感謝の意志を示せるのです。ありがとうと言うことで、あなたは伝えるのです。あなたのことを見ているよ！　私と日常生活を過ごしてくれて、ありがとう。あなたがいてくれて、ありがとう。私とつき合ってくれて、ありがとう、と。あなたが当たり前と思っていることは、他の大勢の人たちにとっては喉から手が出る程、ほしいものなのですよ」

朝起きて、電気をつけ、飲みものを用意し、パンを切り、互いを見つめます。毎日が、小さな奇蹟に満ちています。ですが私たちは、お礼を言うどころか、そのような奇蹟を見過ごしがちです。感謝することは、古臭いとか、従属的とかいう風に捉えられがちです。私たちの幸福を作るのは自分たちだけであって、感謝するべきなのは自分自身のみという現代の思想とぶつかりがちです。

また意外性があり、新しくて、特別なことの方が感謝を抱きやすいのでしょう。たとえば、恋人が実際はあなたの役目なのに、代わりにやってくれている時、誰かがあなたに期待以上のことをしてくれた時や、すてきなプレゼントをくれた時、とても特別なことが起きた時などの方が。私たちはこれらの意外性があり、新しくて、特別なことにばかり感謝せずに、自分自身にも、まわりの人たちにももっと感謝することで、人生の喜びをたくさん与えることができるのです。

私が話をしたカップルは、今でも行ったことのない場所に旅をすると話してくれました。ところが家に戻ってきた彼らは、盛り上がるどころか、意気消沈した様子でした。カップルは大金をはたいて準備する余り、最高の旅を期待し、毎回、がっかりしてしまっていたのです。ベッドの寝心地がもっとよかったら、食事がもっと美味しかったら、サービスがもっと良かったらなどと。私はその人たちに新しいものに目を向け、自分たちが手にしてきたこと、状況に感謝するように勧めました。2人はよりよい人生を生きたいと心から願っていました。感謝が足りないという落とし穴にはまった2人は、互いに方向転換をする手助けをしました。2人は段々と、自分自身と世の中を別の視点から捉えるようになりました。変化は劇的でした。彼らは相手にプレゼントをあげるようになり、ボランティア活動に熱心にとり組み、子どもや孫とまた過ごすようになりました。旅に出たいという欲求は減っていきました。間違いを探すより、よい体験に感謝するよう意識するようになりました。いらだちが感謝に変わったことで、状況が改善されたようでした。

お金に恵まれていると、つい自分たちだけの力でどうにかできると思いがちです。人生に感謝することは、私たちが互いに支え合っていると認めることでもあります。それを英語で《Thank you》といいます。感謝の言葉を口にする時、私たちはまわりの人たちに目を向けます。自分たちがこの世界で1人ではないと——また他の人がいなければ、やっていけないと改めて実感するのです。ありがとうという意味のノルウェー語、《Takk》は、考えるという意味の《tenke》と語源が同じです。私たちはありがとう、と言う時、考えるのです。私たちは立ち止まります。私たちは今この瞬間にいながらにして、過去と未来にも視点を向けます。「かつて私はあなたを知らなかった。未来のいつかどちらかがこの世からいなくなるでしょう。今、あなたはここで、私の汚れたお皿を食洗機に入れてくれている。ありがとう！」

イマニュエル・カントやバルフ・デ・スピノザといった哲学者は、感謝することが、人間の絆と喜びにどれだけ影響をもたらすかに関心を持っていました。今の時代にも、感謝についての研究が行われています。カリフォルニア大学バークレー校のアミー・ゴードンとその仲間たちの研究により、感謝の心を持つことが夫婦関係にポジティブな影響を及ぼし、感謝を覚える人たちが、感じていない人たちよりも幸福で健康であることが分かりました。

感謝は感謝する人にも、される人にもメリットをもたらします。感謝することで、よい面に目を向け、贈り物としてその価値を認めます。感謝することで、謙虚さと人生への喜びが生まれます。感謝される人は気にかけてもらえたと――価値を認めてもらえたと感じます。個人で努力する意志と喜びや、時間とエネルギーと創造力は刷新されます。あなたが感謝した相手は、その道で新しい何かに出会うでしょう。あなたが感謝することで、また新たな果実が実を結ぶのです。このように感謝は、幸福の連鎖を生みます。

感謝することは、全てうまくいっているふりをすることではありません。感謝することは、よい面を探し、人生に恭順し、互いを必要としているのを理解することです。感謝している事柄を思い浮かべる時、自分の人生、他人の人生の暗部にも目が向くでしょう。喜びと悲しみは表裏一体です。暗闇があるから、光を光と感じられるのです。
あなたは感謝する時、誰が自分の人生に寄与してくれているか改めて考えます。あなたは感謝するでしょう。近くにいてくれる恋人に、あなたのそばで遊ぶ子どもに、あなたを見守ってくれる友人に、ともに働く同僚に、あなたが聴いている音楽を作ってくれたミュージシャンに、あなたが行く先で掃除をしてくれる人たちに、あなたが身につけている服を作ってくれた人たちに、あなたに与えられた能力に、世界を明るく照らしてくれる日の光に。私の親友はこう言っていました。「私は毎日、ありがとう、って言っているわ。だって、毎日感謝したくなることがあるのだから！」

「愛とは与え、受けとること」と言います。それはあまり考えずに口をついて出てくる決まり文句みたいなものでしょう。ですが、愛を受けとるのと、与えるのとでは、違います。私たちは愛を受けとる時、愛を示すのとは逆のことをしています。愛は受けとる時、同時に愛は遠ざかります。愛を与える時、私たちは愛に近づきます。愛は他者に目を向けることです。『私たち』、それに私たちがともにいることに。私たちは愛を受けとる時、何を私たちが必要としているか、何をほしいのかばかり考え、相手に目線を上げず、『私たち』に注意を向けがちです。受けとるというのは、相手の肉体的、精神的な境界を越えることから、当たり前と何とはなしに受けとっていたものを受けとることまで多様です。受けとることは、受け入れることとは全く別物です。受けとるというのは、恐縮することなく、ただもらうことです。受け入れるというのは、心を開き、与えてくれる人と与えてもらえるものに注意を向けることです。愛というのは、与え、受けとることではなく、与え、受け入れることなのです。

私の恋人

「私たちは30年間、ともに生きてきたわね」と私は言い、恋人を見つめました。

「じゃあ、僕にインタビューしてみたらどうだい」と彼が言いました。

「そうねえ」と私が渋ると、彼は笑います。

「ほら、はい、と言っておくれよ!」


「私たちはどうして今も恋人同士なのかしら?」

「僕たちは幸運だったってことじゃないかな。ソウルメイトと恋人に、一気に出会えたんだから」

「私もそう思うわ。話していて両方が楽しくて、愛することのできる相手に出会えたのは、当たり前なんかじゃないわよね。私たちは幸運だったわ」

「そうさ。だけど、僕が君を選んだと意識するのも大事だよ。つき合い出した1年前に私たちの関係性に危険信号が点滅していたなら、関係が終わっていたかもしれない。でも赤信号は点滅しなかった。君といるのはただの偶然ではない。君と生きることは、僕が望んだことでもあるんだ」

「素晴らしいわ！　他に理由は？」

「僕らは長い間いっしょにいることの意義を理解していた」

「長い間いっしょにいることの意義って何かしら？」

「長い共通の歴史を持てることとさ。僕にはいっしょにいられる人が——いっしょの家に帰れる人が——待っていてくれる人が必要だった。決まった人を愛することに、僕は大きな価値を見出したんだ。僕は独身生活には全くもって向いていないし、内にこもりがちで、セックスする相手を常に探すには怠惰すぎる。君と子どもたちと毎日いっしょにいることで、人生が生きやすくなるんだ。僕は分厚い本を読んだり、LPレコードを聴いたりするのに生きがいを感じるタイプでね。この30年間で僕が3つの異なる家庭を持っていたなら、同じ成長を3度経験するのみで、何の進歩もなかっただろう」

「あなたはどんなふうに進歩してきたの？」

「僕たち、または『僕たち』の関係性が行き詰まった時、君といっしょに立ち向かってきたんじゃないかな。これは時間と忍耐が必要だったが、僕たちの人間的成長も促してくれた。私は君といっしょにいることで、よりよい自分になれた。それは何より、困難に耐えることを学んできたからだ。僕はそれまで逃げてばかりだった。それまでは、不愉快なことが起きると、避けるか、黙っているか、傲慢なことを言うかのパターンに陥ってしまっていた。そうして僕は自己防衛してきたんだ。意見が合わず、言い争いになると、僕は怒っていた。ずっと」

「ふふ、そうね。私はあなたが心のドアを閉じると、どうしていいか分からなかったわね。私は泣き叫んだものよ。でも必死になればなるほど、あなたは黙り込んで、頑なになったわ。私たちは一体どうやって、そこから抜け出せたのかしら?」

「君も落ち着いたんじゃないかな。どうしようもないことで、騒ぎ立てなくなった」

「そうね。私が落ち着いたのは、あなたから拒絶されなくなったからよ」

「そうだね、思い出したよ。きっかけはきっとあの時さ。君が僕に、『私に任せておいて。大丈夫だから』って言ってくれただろう? 初めはそんな馬鹿な、って思ったけど、その言葉に救われたよ。君が心を穏やかにしようと努めてくれたから、僕は意識を今に集中させて、君の言葉に耳を傾けようと思えたんだ。僕は心を開き、自己防衛に走らないように心がけた。道は長かったが、今では意見が分かれることも、傷つくことも、それほど怖くなくなった。強くなった気がするよ。君とともに困難に立ち向かい、励まし合うことができたよね」

「そのパターンから抜け出せなかったら、どうなっていたと思う？」

「それを知りたいなら、僕たちが不幸や長期間にわたる病気になったらとか、人生の苦難にどう立ち向かっていったかとか、考えてみたらいいさ」


「私たちについて、あなたが一番誇りに思っているのは、何？」

「僕たちがいまだに楽しいことを見つけ、ベッドで1日中、2人で横になって、いちゃいちゃしていられることさ。僕たちは、互いの生活や頭の中で何が起きているのかに、心から関心を持っているよね。僕が大音量で演奏していても、サッカー観戦していても、君はほとんど文句を言わないだろう。それに僕たちが社会の同じことにいらだちを覚えているのもすごくいいことだと思うよ」


「私について、いらだたしく思うところはある？」

「家を散らかすところかな。それと何かあると、すぐ遅くまで出かけてしまうところとか。でも僕も変わったんだ。以前程、ちょっとしたことでいらだたなくなった。今起きていることを見つめ、できるだけ笑うようにしているよ。僕と君は違う人間で、僕がいらだたしく思う面も、愛する人の一面であると考えるようになったんだ」

「私があなたのためにしたことで、一番よかったのは何？」

「僕を英国でのサッカー・ツアーに連れていってくれた時さ。君は全然、サッカー・ファンじゃないのに。それに君がクナウスゴールの『わが闘争』を6巻全て、僕に読んで聞かせてくれたことかな。レコードに録音しておかなかったのを後悔しているよ」


「カップルに3つアドバイスするとしたら、何と言う？」

「1、恋人にノーと言ったのと同じ回数、イエスと言いましょう。たとえノーと思っていても、イエスと言うのが最善の場合がほとんどです。楽しいことにいっしょに参加しましょう。相手が1人で何かしていても、怒らないように。さまざまな面で、寛容になりましょう。2人で楽しいことをするのにお金を残しておくために、車やトレーニング機器など自分のものを買うお金を倹約しましょう。2、人生は退屈だと文句を言わずに、パートナーが何か探してきてくれるのを待ちましょう。あなたも何か見つけましょう！　3、年をとるのを恐れないで。賢さを身につけていきましょう！　僕はビョルクとつき合い出して20年目よりも、30年目の今の方が幸せで賢くなってきたような気がしています」

あなたが決めて！

私があなた方に1つしかアドバイスできないとすれば、次の話をするでしょう。

パリを――光と愛の街を思い浮かべてみてください。とても広い大通りに、ひどく狭い路地。そして通りには、数千のカフェが。古く、大きく、お洒落なカフェを思い描いてみてください。天井にはシャンデリアが、床には赤のビロード地の暗い家具。優雅に歩く、誇り高い給仕。そんなカフェに、男性が1人座っています。彼は部屋のど真ん中で、コーヒーを前に座っています。彼はビクビクした様子で奥さんを待っています。何か言いづらいことがあるようです。最近、彼は他の相手と関係を持ちました。そして妻と別れて、その新しい恋人とつき合うことに決めたのです。恐怖で胃がキリキリします。彼は緊張しながら、入口の方を見つめました。するとドアが開き、妻が入ってくるのを見た彼はびくりとしました。ですが、彼女の身につけているものに気づくと、ほんの少し、安堵を覚えました。彼女は彼が言葉で言い表せないほど、不格好だと思っている赤いコートを着ていました。それを見た彼は、少し別れを切り出しやすくなったと思いました。

彼はテーブルとテーブルの間を縫って歩き出し、彼女がまだテーブルに着きもしないうちに、息を吸い、口を開きました。すると彼女はポケットに手を突っ込み、手紙をとり出し、彼の前に置き、言いました。「先に言いたいことがあるの」彼女はコートを脱ぎ、彼の前に座りながら、封筒を開け、手紙をとり出しました。それはとても薄い紙に書かれていました。そこにはほんの数行しか書かれていませんでした。彼は一瞬目を疑いましたが、そこには確かにこう書いてありました。彼女は末期癌にかかっていて、余命わずかだというのです。

それを読んだ彼は、伝えようと思っていたことをもう言えないと思いました。そこで彼は決意しました。愛人と別れて、妻の最後の時を、できる限りの真心をこめて過ごそうと。

彼女は彼を家に連れて帰りました。そしてその後の時間、彼は彼女に意識を集中させました。彼らは古いアルバムや映画を出してきて、ともに過ごしてきた人生について語り合いました。彼らが互いに初めて出会った時のこと、お互いのどこを好きになったのか。彼女のすてきな髪、彼女の美しい瞳、彼の腕がどんなふうにいつも彼女の方に伸ばされたのか、彼を受け入れる時、彼女がどんなふうに腰を動かしたのかを。2人はいつも2人乗りしていたバイクのことや、彼女がいつも連れていた、かわいい小さな飼い犬のことを振り返りました。2人は子どもたちのことや、覚えているささやかなエピソードについて話しました。他の人にとってはちっとも面白くないささいなこと、無意味なことが、2人の宝物だったのです。2人はともに旅した場所や出会った人々について話しました。2人は楽しかった時や、苦難を味わった時のことを思い出しました。2人は互いの考えに耳を傾けました。2人は泣き、笑いました。

彼は部屋に常に新鮮な花を飾るようにしました。それは彼女がいつも望んできたことだからです。彼は彼女が好きな音楽を流し、彼女が食べたがるものを作りました。毎日、とてもすてきなシーツをベッドに敷きました。

そしてついに別れの日が訪れ、彼は彼女を埋葬しました。

それからというもの、彼はパリの街を歩き、赤いコートの女性を見るたび、心の底から、彼女だったらと願うようになりました。

そして彼はこうつぶやきました。「愛とは、行動なんだな」

謝辞

「他者の人生の片棒を担ぐことなく、ともに生きることなどできない」と哲学者のクヌッド・レグストロップは言いました。

私はこの本を書く後押しをし、さまざまに支えてくれた大勢の人たちに感謝しています。そういう人たちは、おそらく本人たちは気づいていないかもしれませんが、私の人生の一部を担ってくれたのです。なので私は次の方々にありがとうの言葉を贈りたいです。

この本を読んでくださったあなたに。あなたがこの世界にいてくれて、私が書いたものを読むのに時間を割いてくれて、どうもありがとうございます。何かお役に立てたらよいのですが。

私の講座に足を運んでくれた皆さん。これから参加してくださる皆さんも。私を信頼してくださって、ありがとうございます。心を開いてくださり、ありがとう。あなた方の愛への献身に、感謝を。あなた方が私に教えてくれた全てのことに、お礼申し上げます。

お話の断片を共有することを許してくれた皆さんには特に感謝します。自分のことが書かれていると感じる人が複数人いらっしゃるでしょうが、それは私たちの愛の物語がそれほど違っていないからでしょう。

私に投資してくれたノルウェーのギュルデンダール出版社。特に私に連絡をとり、執筆の依頼をしてくださったライダー・ミデ・ソルベルグに感謝します。私が10年以上とり組んできたことを本にするよう後押ししてくれて、ありがとう。大いなる協力と、見事なイニシアティブと、ユーモア、温かさ、寛容さに感謝します。

ダーグブラーデット・マガジンに感謝を。特に3年半前に電話でコラムの執筆の依頼をくれたアスビョルン・ハルヴォーセンに。またこの場を借りて、書き手として活動してきたこの何年間かに、フィードバックをして、私が書いたものを評価してくれた皆さんにもお礼を申し上げたいです。あなたたちのフィードバックは、書くことの喜びを増幅させ、この本の作業も進みました。

フローデ・トゥーエン。あなたのようにオープンで、寛容な知識の泉のような人と知り合い、ともに仕事できることは大きな特権です。思慮に富み、建設的で、愉快な会話をありがとう。この本を通読し、前書きを寄せてくれて、建設的なフィードバックをくれてありがとう。そして長い間、私に本を書くよう励ましてくれてありがとう。

アイナル・ホルテン。私たちが最初にカップル講座をはじめたのは、20世紀から21世紀に変わる年でした。独自の計画と形式を編み出し、17年間の協力と友情により、さらなる新たな方法を編み出せました。ノルウェー中を愛のために旅しましたが、いっしょに仕事するのを、今も毎回、楽しみにしています。

モードゥム・バッド。私の16年来のクライアント、それに私に講座や講演の依頼をくださった他、全ての皆さんに感謝を。親になったばかりのカップル向け講座のインストラクター養成セミナーで、私を講座主催にしてくれたトーリル・コワードに特に感謝します。

音楽で協力してくれたアーネ・ヒリング・コランスルードや、インスピレーションを与えてくれた仕事仲間やコラボレーションしてくれた皆さんに感謝します。

教師でお手本であるエヴァ・ノードランド、シッセル・グラン、アネッテ・ドゥーエン・マッセンをはじめとする方々に感謝します。専門的なインスピレーションと、人生の賢知と、非常に重要なフィードバックを、どうもありがとうございます。

メレーテ・モルケン・アンダシェン。あなたは人生の正念場にいたよね。あなたがしてくれたことで、私は、自分の道を行く強さを身につけられたわ。

友人や家族へ。ささやかで大きなことに感謝します。長年の関係にも、短くて意義深い出会いにも。定期的に会ったり、パーティーに招待してくれてありがとう。ハグ、言葉、歌、笑顔、メッセージ。決して忘れることのない会話や決して止まない会話をありがとう。追い風の時には喜びを分かち合い、向かい風の時は支えてくれて、ありがとう。執筆中の私を、忍耐強く支えてくれたことに感謝します。

読書友だちで、ハイキング仲間でもあるビアテ、ヒルデ、マリアン、レンナウ。豊かな会話と意欲的な姿勢に感謝します。

ベンティック、リヴ・ヒルデ、ヘレーネ、ヒルデ、ヘーゲ――熱意と愛情に満ちた後押しをありがとう。

グレーテとヘニング――私のターニングポイントを祝ってくれてありがとう。

マーリ――私が一番必要な時に、そばにいてくれてありがとう。

ペッテル——本のフィードバックと温かな支援をありがとう。

マリット——読んでくれて、コメントをくれて、執筆への熱意を分けてくれてありがとう。

スティーネ——連日、原稿を熱心に読み込んだり、コメントをしたりと、応援してくれて、ありがとう。

グロー——本を最初から最後まで読み込んでくれてありがとう。あなたの思慮に富んだ、面白くて、励ましになるフィードバックは、執筆期間の最後特に、私のやる気を引き出し、心を温めてくれました。

グレーテ——あなたの心からの私への献身全てに感謝します。あなたがここにいてよかった。

お母さんとお父さん。私に愛を与えてくれてありがとう。ドアが開け放たれ、感情、遊び、文学、音楽、劇の入る余地のある家庭で育ててくれたこと、感謝しているわ。

イダ・エリーネとアーロン。セルマ・ソフィーとビョーン。小さなスター。
ハンス・オットー。あなたが私に与えてくれたこと、あなたがいてくれること、全てに感謝するわ！　あなたといられること程、最高なことはないわ。

2017年2月27日、ネソッドタンゲン村にて

訳者あとがき

本作、『北欧式パートナーシップのすすめ　愛すること、愛されること』は2017年に*Å elske og bli elsket — Hvordan ta vare på kjærligheten?*（愛すること、愛されること——どうしたら愛を大切にできるの？）というタイトルでノルウェーで出版された本の邦訳です。ノルウェーで一番人気の夫婦カウンセラーの1人であるビョルク・マテアスダッテルが、世界の様々な脳科学や心理学の研究などを織り交ぜながら、企業、組織、図書館、文化会館、文化フェスティバルや結婚式の前夜祭、成人教育機関などで20年以上行ってきたカウンセリング、夫婦生活／恋人講座を読者に疑似体験させられるよう描いた渾身の1冊です。

作者のビョルク・マテアスダッテルは1964年生まれ。2013年からダーグブラーデ紙の週末別冊版ダーグブラーデット・マガシンで、月に1度、コラムを執筆。また夫婦生活／恋人講座の様子は、テレビのドキュメンタリー番組でも取り上げられました。

本書には、共働きが当たり前のノルウェーで、どうしたら夫婦が互いをいたわり、愛情を示し合えるか？　どんな言葉が誤解やネガティブな感情、喧嘩を生むのか？　良好なパートナーシップを築くコツ、家事分担を円滑に行うため、パートナーにどんな声かけをしたらよいか？　など、すぐに実践できそうな具体的なノウハウが満載です。

右で共働きが当たり前と書きましたが、ノルウェーの統計局が２０１１年に発表した記事によると、ノルウェーの既婚／事実婚状態にある女性（25～59歳）のうち、労働時間が週に20時間以下の人、または主婦である人は10人に１人しかいないそうです。本作中で例として出てくるイプセンの有名な戯曲『人形の家』（１８７９年）の主人公ノラのように、かつてはノルウェーでも女性が家を守り、男性が外でお金を稼ぐものと思われていました。しかし１９６０年代前後から社会制度が整備されたり、女性解放運動が盛んに行われたり、１９７８年にジェンダー平等法が制定されたり、１９９３年、育児休業の一部を父親に割り当てるパパ・クオータ制が導入されたりしたことで、女性の労働参加が急速に進みました。ノルウェーの男女平等政策の歴史的変遷についてより詳しく知りたい方は、『ノルウェーを変えた髭のノラ――男女平等社会はこうしてできた――』（三井マリ子著／明石書店／２０１０年）などに書かれているのでぜひご覧ください。

この本の中で、昔は一方が『王様』または『女王様』で、もう一方が、尊敬する人に運よく仕えることのできた家来であるかのように振る舞うカップルもいたと書かれています。ノルウェーでも今でもそういうカップルはもちろんいるものの、減ってきているそうです。対等であればあるほど、人間関係の質は高まり、長続きするようになると著者は言います。ただし対等というのは、同じだけ稼いでいるといった意味ではなくて、一方ばかりが、相手を尊重するのでなく、互いを同じだけ尊重することだと説きます。

「第12章　ずっと恋人」の「熟慮する」に出てくる、家事をしてくれた夫に、ありがとうと言うべきか？　という女性からの質問に対する作者の答えは、特に秀逸でした。作者はこう答えたのです。ありがとうと言うことで、パートナーに、あなたのことを見ているよ、ともに日常生活を過ごしてくれてありがとう、と示すことができるのだと。

この本を訳していて、一番迷ったのは、日本では夫婦、妻、夫、などと表現されがちな言葉を、どう訳すかでした。ノルウェーでは、事実婚、同棲婚のカップル（サンボと呼ばれています）も、婚姻関係にある夫婦と同じく一般的で社会的に認められていて、様々な社会的権利が保証されています。また同性同士の結婚が２００９年に認められています。作者は交際期間の長さや、同居しているか、籍を入れているかは関係なく、カップルのことを『恋人』と表現するそうで、邦訳でもできるだけ、この恋人という言葉を使うよう心がけました。普段私は日本で暮らしていて、夫婦という言葉をよく使うので、初めは少し違和感がありましたが、段々とこの恋人という言葉が好きになってきました。作者はノルウェー語の《kjæreste》（恋人）という言葉の頭につく《kjær》は「愛しい」「かけがえのない」という意味で、《kjæreste》（恋人）は、この《kjær》の最上級、つまり「最も愛しくかけがえのない人」という意味なのだと書いています。この本には、最も愛しく、かけがえのない恋人をどう大切にし、愛することができるかが示されています。本書の邦題で使われているパートナーシップという言葉も、夫婦生活、夫婦関係などといった言葉より、ずっと本書に合っているように思えます。作者の意図をくみ取り、パートナーシップという言葉を使おうと考えてくださった原書房の善元温子さんにこの場を借りて改めて感謝いたします。

作者は「第7章　喧嘩と傷ついた心」の「コミュニケーションの4つの落とし穴」の中で、あまりに多くの人たちが、パートナー／恋人を、足蹴にするかのように、間違いを指摘したり、低く評価したりする人が多過ぎると言います。日本でもパートナーのことを『愚妻』などと表現する人がいる／いたように思えます。作者は、多くの人が、愛する人にするべきことと全く逆のことをしていると説きます。そして誰かの足を踏んだら、大半の人はすぐに謝るものなのに、心を踏みつけてしまった場合には、大半の人たちは残念ながらそれとは真逆の戦略をとって、「それぐらいで目くじら立てるなよ！」「ただの冗談だろう」「俺はそういう人間なんだ」「正直であるのが一番よ」などと、傷ついたのは傷ついた人の責任であるかのような物言いをしますが、作者はそのような考えに大反対だと言います。

この本の中で訳者にとって特に印象深かったのは、「第11章 愛の時間」に書かれていた、携帯電話の使用についての記述です。昔から今に集中することは、人間にとっての難題だったようですが、携帯電話が一般にまで普及した現代では、それがさらに難しくなってきているようです。家族で一緒にいるのに、携帯電話の世界に夢中になる現代人の実態と、そのことが人間関係に及ぼす弊害が、携帯電話の使用についての様々な科学研究も交えながら、記されています。家族とくつろいでいる時や夕飯中に携帯電話の通知音が鳴った時、つい仕事のメールではないかとチェックしてしまったりする訳者には、身に覚えのあることが多く、ドキリとさせられました。この章では、以下のような携帯電話の使用にまつわる研究が示されていてとても説得力があります。

❋バージニア工科大学の研究により、話をしている時に、テーブルの上に携帯電話が置かれている場合、携帯電話が視界に入っていない場合と比べ、会話の満足度が下がることが分かった。

❋テキサス州のベイラー大学の研究により、70パーセントの人が携帯電話の使いすぎにより、恋人から邪険にされていると感じていると分かった。

＊ノルウェー経済大学が行った調査で、ノルウェーの人たちが携帯電話を6分に1度チェックしていることが分かった。

作者はこの章で、携帯電話の向こう側の世界ではなく、目の前にいる大切な人に意識を向けるため、簡単に実践できる具体的な施策を示してくれています。

「第9章　日々の愛と家族生活」の「お金か生活か！」では、様々な研究データを示しながら、共働き世帯の家計管理について赤裸々に書かれていて興味深いです。ノルウェーでは近年、財布を一にする夫婦が減ってきているそうです。パートナーの一方が1人で家を所有し、もう一方が家賃を払うカップルも珍しくないそうです。ですが作者は財布を一にすることで、連帯感が増すと言います。そして一方が一家の家計を主に支えていようと、家事を主に担っていようと、自分の方が相手よりも偉いと考えないようにしようと呼びかけます。互いを対等に扱い、パートナーを尊敬していること、信頼しているということを、家計を一にしお金を共有することで示すことができると。

また「第9章　日々の愛と家族生活」の中の「たかが食事、されど食事」では、食事を一緒にとることで、家族の連帯感が増すことが、様々な研究結果を示しながら説かれていました。どの研究も興味深かったのですが、特にマリ・レゲ教授とアリエル・カリ教授により行われたノルウェーとカナダの共同研究で、父親が家族と食事を一緒にとる時間数が全体平均より15分多い家庭の離婚率は、食事時間が全体平均より15分少ない家庭に比べ、30パーセントも低いことが分かったというところは、身につまされました。このようにノルウェーでは、男性の家事・育児参加について様々な研究が行われているようです。

同じく第9章の中の、ジェットコースターみたいな日々では、私たちはタスクや仕事に実際にかかる時間を平均40パーセント少なく見積もりがちであるということを示すペンシルベニア大学のギャル・サウバーマン教授らによる研究も出てきました。

第9章中の「日々、恋人」では、恋人らしくいるために、ベビーシッターにわざわざ子どもを預けてデートに行く必要はないと作者は言います。また第5章「愛の言葉と感情」の中で作者は、ジムで体をしぼったり、身だしなみを整えるよりも、窓を拭いているところや、床掃除をしているところ、子どもと遊んでいるところ、ドアのノブを修理しているところを見て、魅力を感じる人も多いとしています。作者は「妻と夫でなく、恋人になろう！」と読者に繰り返し呼びかけます。

「第5章　愛の言葉と感情」で人はポジティブな感情よりも、ネガティブな感情にずっと影響されやすいもので、カップルが良好な関係を保つには、ネガティブな感情を1個抱いたら、ポジティブな感情を最低でも5つ、抱く必要があると書かれていました。これまで訳者である私の心も、主に家事・育児の分担について、夫に対するネガティブな感情で占められていました。ですが、3カ月間、毎日、作者の言葉を訳しているうちに、私の心は感謝の気持ちで満たされていきました。著者のビョルクさんのおかげで、夫が――こう書くのは、まだちょっと照れくさいのですが、私の恋人が――そばにいてくれるのが当たり前なんかじゃないのだと、再認識することができました。ビョルクさんの言葉が私に、出会った時からずっと、翻訳家になる夢を応援し続け、また一緒に子どもを育ててきてくれた夫の献身と愛を気付かせてくれたのです。夫からもこの本を訳し出してから、イライラしていることが減って、優しくなったね、と言われます。私がこの本を訳していて感じることができた、幸せでぽかぽかした気持ちを、読者の皆さんにも味わってもらえるよう、心を込めて訳しました。ビョルクさんの『恋人講座』をどうか皆さん、お楽しみください。

参考文献リスト

複数の章で参考にした文献

『愛はなぜ終わるのか　結婚・不倫・離婚の自然史』ヘレン・E・フィッシャー／吉田利子訳／草思社／1993年

『「運命の人」は脳内ホルモンで決まる！　4つのパーソナリティ・タイプが教える愛の法則』ヘレン・フィッシャー／吉田利子訳／講談社／2009年

『人はなぜ恋に落ちるのか？　恋と愛情と性欲の脳科学』ヘレン・フィッシャー／大野晶子訳／ヴィレッジブックス発行、ソニー・マガジンズ発売／2007年

『結婚生活を成功させる七つの原則』ジョン・M・ゴットマン、ナン・シルバー／松浦秀明訳／第三文明社／2007年

『「感情シグナル」がわかる心理学　人間関係の悩みを解決する5つのステップ』ジョン・M. ゴットマン、ジョアン・デクレア／伊藤和子訳／ダイヤモンド社／2004年

『セックスレスは罪ですか？』エステル・ペレル／高月園子訳／ランダムハウス講談社／2008年

Brinkmann, Svend: *Stå fast, Et opgør med tidens udviklingstvang*. Gyldendal 2014

Gottman, John: *The Science of Trust: Emotional Attunement for Couples*. Norton 2011

Gottman, John: *Why Marriages Succeed or Fail: And How You Can Make Yours Last*, Simon & Shuster paperback 1995

Josefsson, Dan & Linge, Egil: *Hemligheten: från ögonkast till varaktig relation*. Natur & Kultur Akademisk 2008

Johnson, Sue: *Hold me tight : seven conversations for a lifetime of love*, Little, Brown, 2008

Markman, Howard, Stanley, Scott & Blumberg, Susan L.: *Fighting for your marriage : positive steps for preventing divorce and preserving a lasting love*, Jossey-Bass 2001

Norberg, Johan:*Hjärnrevolutionen*. Natur & Kultur 2012

Perel, Esther: *Erotisk intelligens*. Arneberg 2008

Rydén, Göran & Wallroth, Per: Mentalisering : *att leka med verkligheten*. Natur Kultur Akademisk 2008.

Thuen, Frode: *Kunsten å være voksen*, Cappelen Damm 2011

Teigen, Anne Marie Fosse: *Varig kjærleik – ei handbok*, Samlaget 2012

Yann, de Caprona: *Kjærlighetens etymologi*. Kagge 2014

愛を守りたい人にお勧めの本

『100万人が癒された愛と結婚のカタチ』ハーヴィル・ヘンドリクス／加藤洋子訳／アーテ

ィストハウス発行、角川書店発売／2002年
Dahl, Per Arne: *Den store kjærligheten – vi kan lære å elske*, Shibsted 2008
Due, Mattias Stølen: *Pas på parforholdet - når kærligheden er kommet for at blive på parforholdet – mens I stadig elsker hinanden*. Kristeligt Dagblads 2019
Gran, Sissel: *Kjærlighet i hastighetens tid*, Aschehoug 2004
Gran, Sissel: *Kjærlighetens tre porter*, Aschehoug 2007
Matheasdatter, Bjørk & Holten, Eiel: *Når kjærester blir foreldre*, Sandvik 2008
Samoilow, Dimitrij Kielland: *Kunsten å elske, 9 nøkler til det gode samliv*, Kagge 2015

上記のリストに入っていない作品とそれぞれの章で特に関連する作品

第1章　心を見つける

『星の王子さま』サン＝テグジュペリ／内藤濯訳／岩波書店／2017年

第2章　愛するという意志

『ストーナー』ジョン・ウィリアムズ／東江一紀訳／作品社／2014年
Tonne, Ingebjørg og Uri, Helene: *Spør om språk fra A til Å, Dreyer* 2009
Vesaas, Halldis Moren: «Tung tids tale» fra *Tung tids tale*. *Dikt*. Aschehoug 1945

第3章　愛を理解する

『母子関係の理論』ジョン・ボウルビィ／黒田実郎、大羽蓁、岡田洋子、黒田聖一訳／岩崎学術出版社／1991年
『母と子のアタッチメント　心の安全基地』ジョン・ボウルビィ／二木武監訳、庄司順一他訳／医歯薬出版／1993年
『人形の家』ヘンリック・イプセン／矢崎源九郎訳／新潮社／2016年
Ainsworth, M.D.S. & Bell, S.M.: Attachment, exploration, and separation: Illustrated by the behaviour of one-year-olds in a strange situation, *Child Development*, 41(1), 49–67, 1970
Bauer, Joachim: *Warum ich fühle, was du fühlst: Intuitive Kommunikation und das Geheimnis der Spiegelneurone - Aktualisierte Neuausgabe* -, Heyne 2006
Bruheim, Jan-Magnus: «Å høyre til» fra *Leikande menneske*, Noregs Boklag 1982
Coan, James & Sbarra, David: «*Social Baseline Theory*: the social regulation of risk and effort», The University of Arizona 12.2014, Elsevier ltd 2015
Coan, James: *Why we hold hands*. TEDxCharlottesville 2013
Haagensen, Nils-Øivind: «Jeg skal holde deg til du sovner», fra *God morgen og god natt*, Oktober 2012
Harlow, H. F. «The nature of love». *American Psychologist*, 13(12) (1958)

Johnson, Susan M: «Attachment Theory and Emotionally Focused Therapy for Individuals and Couples- *Perfect Partners» Guilford press* 2009.
Levine, A. & Heller, R.S.F. *Attached: The new science of adult attachment and how it can help you find – and keep – love*, Penguin Publishing Group. (2010)
Mehren, Stein: «Jeg holder ditt hode» fra *Mot en verden av lys*, Aschehoug 1964
Mestad, Henrik: «Lik meg når jeg er teit» fra *Dikt for gutta*, Kagge 1998

第４章　１＋１＝３

『わが闘争２　恋する作家』カール・オーヴェ・クナウスゴール／岡本健志、安藤佳子訳／早川書房／2018年
Caillé, Philippe: *Un et un font trois - Le couple d'aujourd'hui et sa thérapie*. Fabert 2009
Kjærstad, Jan: *Oppdageren*, utdrag fra side 369, Aschehoug 1999
Sauvik, Øyvind «Vinni»: «Halve meg er borte» fra *Oppvåkningen*, Universal 2012
Vesaas, Halldis Moren：«Ord over grind», fra *I ein annan skog*, Aschehoug 1955

第５章　愛の言葉と感情

『子どもに愛が伝わる５つの方法』ゲーリー・チャップマン、ロス・キャンベル／中村佐知訳／いのちのことば社CS成長センター／2009年
『「幸せをお金で買う」５つの授業』エリザベス・ダン、マイケル・ノートン／古川奈々子訳／KADOKAWA／2014年
Aleksandersen, Åge: «Dains me dæ» – fra *Dains me mæ*, Norsk Plateselskap 1982
Kvaløy, Ola: *Økonomenes jul*, Dagens Næringsliv 13. desember 2013
List, John A. & Shogren, Jason F.: «Calibration of the difference between actual and hypothetical valuations in a field experiment ». *Journal of Economic Behavior and Organization*, (1998), 37 (2): 193–205
List, John A. &. Shogren, Jason F: «The Deadweight Loss of Christmas ». *The American Economic Review,* Vol. 88, No. 5 (Desember 1998): 1350–1355

第６章　よいコミュニケーションへの道

Sirowitz, Hal, *My Therapist Said*, Crown 1998

過剰にポジティブ

『ポジティブ病の国、アメリカ』バーバラ・エーレンライク／中島由華訳／河出書房新社／2010年
Jokke & Valentinerne: «Her kommer vinteren» fra *Frelst!*, Sonet 1991
Omar, Tarek: «Vi er blevet selvkritiske masochister», *Politiken* 9. november 2013

Willig, Rasmus: *Kritikkens u-vending*, Hans Reitzels forlag 2013
飢えと眠気と怒り
Fossum mfl.: *The Association Between Use of Electronic Media in Bed Before Going to Sleep and Insomnia Symptoms, Daytime Sleepiness, Morningness, and Chronotype, Behavioral Sleep Medicine*, Published online: 24 Oct 2013
Gordon, Amie M. & Chen, Serena: «The role of sleep in interpersonal conflict: Do sleepless nights mean worse fights?» *Social Psychological and Personality Science*, 5 (2014): 168–175
Hirshkowitz, Max mfl.: «National Sleep Foundation's sleep time duration recommendations: methodology and results summary ». *Sleep Health*, februar 2015

第7章　喧嘩と傷ついた心
コミュニケーションの4つの落とし穴
Hagerup, Inger: «Episode» fra *Videre*, Aschehoug 1945
愛を踏みつける
『わが闘争2　恋する作家』カール・オーヴェ・クナウスゴール／岡本健志、安藤佳子訳／早川書房／2018年
綱引き
『わが闘争　父の死』カール・オーヴェ・クナウスゴール／岡本健志、安藤佳子訳／早川書房／2015年
Tronick, Edward: *Still Face Experiment*, YouTube, Zero To Three, 2007.
Tronick, E., Adamson, L. B., Als, H. & Brazelton, T. B: *Infant emotions in normal and perturbed interactions. Paper presented at the biennial meeting of the Society for Research in Child Development*, Denver, CO, 1975
できるだけ足音を忍ばせて
『わが闘争2　恋する作家』カール・オーヴェ・クナウスゴール／岡本健志、安藤佳子訳／早川書房／2018年
痛めつけられた心
Lykke, Nina: *Nei og atter nei*, s. 254, Oktober 2016
Thuen, Frode. *Utro – Om kjærlighetens bakgater*. Gyldendal Akademisk 2006

第8章　変化と和解
Hauge, Olav H.: «Det er den draumen» fra *Dropar i austavind*, Noregs Boklag 1966
傷
『心を整えれば、シンプルに生きられる』リチャード・デビッドソン、シャロン・ベグリー／茂木健一郎訳／三笠書房／2016年

Eisenberger, Naomi I. & Lieberman, Matthew D.: *Why It Hurts to Be Left Out: The Neurocognitive Overlap Between Physical and Social Pain, Department of Psychology*, University of California, Los Angeles 2004

Eisenberger, N. I., Lieberman, M.D.D. & Williams, K.D.: «Does rejection hurt: An fMRI study of social exclusion», *Science* 10. oktober 2003

Parry, Vivienne: «How emotional pain can really hurt», *BBC News* 19. juli 2008

新たな道

Quoidbach, Jordi & Gilbert, Daniel & Wilson, Timothy D.: «The End of History Illusion», *Science* 04 januar 2013

修復する

Rønningen, Bjørn: «Ønsker meg et viskelær», fra antologien redigert av Borgermoen, Asgeir: *Dikt for småsjefer*, Kagge 2001

Takvam, Marie: «Trø varsamt», fra *Syngjande kjelder*, Gyldendal 1954

チャンスをつかむ

Mylius, Johan de: *Søren Kierkegaard til hverdagsbrug*, Lindhardt & Ringhof 2016

第9章　日々の愛と家族生活

Nyquist, Arild: «Fattern elska rødvin...», fra *Mr Balubers trompet*, 1984, i *Dikt i samling*, Aschehoug 2001

ジェットコースターみたいな日々

Zauberman, G. & Kim, B.K. & Malkoc, S.A. & Bettman, J.R.: «Discounting Time and Time Discounting: Subjective Time Perception and Intertemporal Preferences», *Journal of Marketing Research* 2009

Zauberman, Gal & Lynch, John G.: «Resource Slack and Propensity to Discount Delayed Investments of Time Versus Money», *Journal of Experimental Psychology*, No. 1 (2005): 23–37

たかが食事、されど食事

Kaplan, Hillard & Gurven, Michael: *The Natural History of Human Food Sharing and Cooperation: A Review and a New Multi-Individual Approach to the Negotiation of Norms*, Department of Anthropology University of New Mexico Albuquerque, Santa Fe Institute 2001

Musick, Kelly & Meier, Ann: «Assessing Causality and persistence in associations between family dinners and adolescent well-being », *Journal of Marriage and Family* 2012

Rege, Mari: «Middagen er viktig, både for ekteskapet og barnas skyld». *Dagens Næringsliv* 13. august 2015 (omtaler sin egen studie, som er gjort sammen med Ariel Kalil: «We are Family: Fathers' Time with Children and the Risk of Parental Relationship Dissolution»

Schjetlein, Miriam: «Folk betaler for å se henne spise». *ABC Nyheter* 26. januar 2014
Svagård, Vegard Steen og Dalsklev, Madeleine: «Å dele mat kan skape sterkere bånd (Om Shuberts undersøkelser)» *Forskning*. no 15. mai 2013
Vaage, Odd Frank for Statistisk sentralbyrå: «Tidsbruk i europeiske land. Nordmenn bruker minst tid på husholdningsarbeid og måltider». *Samfunnsspeilet* 2005/1
お金か生活か！
『「幸せをお金で買う」５つの授業』エリザベス・ダン、マイケル・ノートン／古川奈々子訳／KADOKAWA／2014年
Verhaeghe, Paul: *What about me – the struggle for identity in a market-based society*. Scribe Publications Pty Ltd, 2014. (Først publisert som *Identiteit by the Bezige bij*, Netherlands 2012)

第10章　タッチと欲求
Tiller, Carl Frode: *Innsirkling* (1), s. 179–180, Aschehoug 2007 (3. opplag)
ぎゅっと抱き寄せて＆愛の魔法
『なぜ人はキスをするのか？』シェリル・カーシェンバウム／沼尻由起子訳／河出書房新社／2011年
Ditzen, Beate & Schaer, Marcel & Gabriel, Barbara & Bodenmann, Guy & Ehler, Ulrike & Heinrichs, Markus: «Intranasal Oxytocin Increases Positive Communication and Reduces Cortisol Levels During Couple Conflict». *Biological Psychiatry* 2009;65: 728–731
Ditzen, Beate & Hopmann, Christiane & Klumb, Petra: «Positive Couple Interaction and Daily Cortisol». *Psychosomatic Medicine*, 1. oktober 2008
Hauge, Arild: Oslo-området i førkristen tid. Arild-hauge.com
Holt-Lundstad, J. & Birmingham, W. & Light, K: «Influence of 'Warm touch', Support enhancement intervention among married couples on ambulatory blood pressure, oxytocin, alpha amylase and cortisol», *Psychosomatic medicine*, November/ desember 2008
Olpin, Michael & Hesson Margie: *Stress management for life*. Wadsworth Cengade Learning 2011
Saldmann, Frédéric M. D: *You Are Your Own Best Medicine: A Doctor's Advice on the Body's Natural Healing Powers*. Healing art press 2016
Wlodarski, Rafael: «What's in a Kiss? The Effect of Romantic Kissing on Mate Desirability», *Evolutionary Psychology* (2014), DOI: 12(1): 178–199
タッチの流儀
Ackerley, Rochelle & Wasling, Helena Backlund & Liljencrantz, Jaquette & Olausson, Håkan & Johnson, Richard D. & Wessberg, Johan: «Human C-Tactile Afferents Are Tuned to the Temperature of a Skin-Stroking Caress». *Journal of Neuroscience* 19. februar 2014

Coan, JA & Schaefer, HS & Davidson, RJ: *Lending a hand: social regulation of the neural response to threat.*, Psychological science. 17/12 2006
Coan, James: *Why we hold hands*, TEDxCharlottesville 2013
Gazzola, Valeria & Spezio, Michael L. & Etzel, Joset A., Castelli, Fulvia & Adolphs, Ralph & Keysers, Christian: *Primary somatosensory cortex discriminates affective significance in social touch.* Riitta Hari, School of Science, Aalto University, Espoo, Finland, 24. april 2012
Löken, Line S. & Wessberg, Johan & Morrison, India & McGlone & Francis & Olausson, Håkan: «Coding of pleasant touch by unmyelinated afferents in humans», *Nature Neuroscience*, publisert online 12. april 2009
Lykke, Nina: *Nei og atter nei*, utdrag fra side 19, Oktober 2016
Olausson, Håkan: *Hudnerver för social beröring*, Linköpings universitet, medicinska fakulteten, 17. november 2015
Snaprud, Per: «Forskare hittade smekningens nervceller». *Göteborgs- Posten* 17. april 2016
愛したいように愛しましょう
Heggstad, Kolbjørn: *Norsk frekvensordbok: De 10 000 vanligste ord fra norske aviser.* Universitetsforlaget 1982
Garbarek, Anja: *Elsker Du Som Jeg*, BMG, Ariola A/S 1992
大事なのは、まわりからどう見られるかではなく、いっしょにいてほっとできるか
Gazzola, Valeria & Spezio Michael L. & Etzel, Joset A. & Castelli, Fulvia & Adolphs, Ralph & Keysers, Christian: *Primary somatosensory cortex discriminates affective significance in social touch*, PNAS 2011
YouGov Plc: Undersøkelse av oppfatning av egen kropp. 28. april – 13. mai 2015. Totalt deltok 22 140 voksne over hele verden. Verdens beste elsker
世界一の恋人
Berg, Øyvind: «Jeg det du ga dette vi etter en lang tequila natt» fra *Kunngjøring*, Oktober 1992

第11章　愛の時間

『「人間とは何か」はすべて脳が教えてくれる　思考、記憶、知能、パーソナリティの謎に迫る最新の脳科学』カーヤ・ノーデンゲン／羽根由、枇谷玲子訳／誠文堂新光社／2020年
Børli, Hans: «Junikveld», fra *Dagene*, Aschehoug 1958
Folkestad, Sigrid (på vegne av Norges Handelshøyskole, «Bullentin»): «Angst gjev ekstrem mobilbruk», *forskning*.no 11. januar 2015
Misra, Shalini & Cheng, Lulu & Genevie, Jamie & Miao Yuan (Virginia Tech): «The iPhone Effect. The Quality of In-Person Social Interactions in the Presence of Mobile Devices», *Environment and Behavior* 1. juli 2014

Roberts, James A. & David, Meredith E.: *My life has become a major distraction from my cell phone: Partner phubbing and relationship satisfaction among romantic partners*, Baylor University, USA 15. august 2015
Sæther, Alf: «Lærdom», fra *Å elska er å vera stille nesten heile tida*. Det Norske Samlaget 1987
Tsapelas, Irene & Orbuch, Terri & Aron, Arthur: «Marital boredom now predicts less satisfaction 9 years later», *Psychological Science* 20 (2009): 543–545

第12章　ずっと恋人

Vesaas, Halldis Moren: «Lyset» fra *I ein annan skog*, Aschehoug 1955

もう1度、恋に落ちる

Carter, Rita: *Mapping the brain*, University of California Press 2000
Jonsson, Tor: «Når du er borte», fra *Ei dagbok for mitt hjarte*, 1951
Perel, Esther: *Mating in Capivity*, Hodder & Stoughton General Division 2007

熟慮する

『Gの法則　感謝できる人は幸せになれる』ロバート・A・エモンズ／片山奈緒美訳／サンマーク出版／2008年
Amie Michelle Gordon: *Beyond «Thanks»: Power as a Determinant of Gratitude*. University of California, Berkeley, 2013
Gordon, A.M. & Chen, S.: «Do You Get Where I'm Coming From?: Perceived Understanding Buffers Against the Negative Impact of Conflict on Relationship Satisfaction». *Journal of Personality and Social Psychology*, november 2015
Gordon, A.M. & Impett E.A. & Kogan A. & Oveis, C. & Keltner, D.: «To have and to hold: Gratitude promotes relationship maintenance in intimate bonds». *Journal of Personality and Social Psychology*, 103 (2012): 257–274
Joel, S. & Gordon, A.M. & Impett, E.A. & MacDonald, G & Keltner, D.: «The things you do for me: Perceptions of a romantic partner's investments promote gratitude and commitment». *Personality and Social Psychology Bulletin*, 39 (2013): 1333–1345

あなたが決めて！

『12区：バスティーユ』イサベル・コイシェ監督・脚本、18編のオムニバス映画『パリ、ジュテーム』の1編、2006年

【著者】
ビョルク・マテアスダッテル（Bjørk Matheasdatter）
1964年生まれ。ノルウェーのカップル・セラピスト。主にパートナーシップについてのカウンセリングを20年以上行なっている。企業、図書館、コミュニティセンター、高校などでも愛やコミュニケーションに関する講座も開催。また、新聞紙でもカップル・セラピーについてのコラムを執筆している。2020年には本作の続編『高めること、高められること *Å løfte og bli løftet*』を出版。

【翻訳】
枇谷玲子（ひだに・れいこ）
1980年生まれ。デンマーク語、スウェーデン語、ノルウェー語翻訳家。大阪外国語大学卒業。主な訳書にイルセ・サン『鈍感な世界に生きる敏感な人たち』（ディスカヴァー・トゥエンティワン）、マルタ・ブレーン『ウーマン・イン・バトル！』（合同出版）、サッサ・ブーレグレーン『北欧に学ぶ小さなフェミニストの本』（岩崎書店）、オーシル・カンスタ・ヨンセン『キュッパのはくぶつかん』（福音館書店）がある。

Å elske og bli elsket : Hvordan ta vare på kjærligheten?
by Bjørk Matheasdatter

北欧式（ほくおうしき）パートナーシップのすすめ

愛（あい）すること愛（あい）されること

2021年4月2日　第1刷

著者…………ビョルク・マテアスダッテル

訳者…………枇谷玲子（ひだにれいこ）

装幀…………阿部美樹子

発行者…………成瀬雅人
発行所…………株式会社原書房

〒160-0022 東京都新宿区新宿 1-25-13
電話・代表 03（3354）0685
http://www.harashobo.co.jp
振替・00150-6-151594

印刷…………新灯印刷株式会社
製本…………東京美術紙工協業組合

ISBN978-4-562-05875-4, Printed in Japan